公共图书馆
文献资源建设与共享研究

◉ 沈 璐 温宣健 ◎ 著

山西出版传媒集团
三晋出版社

图书在版编目（CIP）数据

公共图书馆文献资源建设与共享研究／沈璐，温宣健著．--太原：三晋出版社，2023.10
ISBN 978-7-5457-2826-2

Ⅰ.①公… Ⅱ.①沈…②温… Ⅲ.①公共图书馆—文献资源建设—研究②公共图书馆—文献—资源共享—研究 Ⅳ.①G258.2

中国国家版本馆CIP数据核字（2023）第213975号

公共图书馆文献资源建设与共享研究

著　　　者：	沈　璐　温宣健
责任编辑：	张　路
出 版 者：	山西出版传媒集团·三晋出版社
地　　　址：	太原市建设南路21号
电　　　话：	0351-4956036（总编室）
	0351-4922203（印制部）
网　　　址：	http://www.sjcbs.cn
经 销 者：	新华书店
承 印 者：	北京兴星伟业印刷有限公司
开　　　本：	720mm×1020mm　1/16
印　　　张：	10.5
字　　　数：	150千字
版　　　次：	2024年3月第1版
印　　　次：	2024年3月第1次印刷
书　　　号：	ISBN 978-7-5457-2826-2
定　　　价：	59.00元

如有印装质量问题，请与本社发行部联系　电话：0351-4922268

前　言

随着科学技术和社会文化的高度发展,现代社会的文献信息量爆炸式增长,社会文献信息类型多种多样。现代信息技术、网络技术的迅速发展,使社会文献信息的发布形式呈多样化、网络化发展。整体化文献资源建设面临新的挑战。

文献资源作为一种知识资源和智力资源,不是天然存在的,而是需要由人去积累和建设的。文献资源是图书情报部门和各类文献服务机构赖以生存的物质条件,也是宝贵的人类文化遗产。

文献资源建设就是依据文献信息服务机构的服务任务、服务对象和整个社会的文献情报需求,系统地规划、选择、收集、组织管理文献资源,建立具有特定功能的藏书体系的过程。换言之,就是一定范围内的图书馆及其他文献情报机构对文献资源进行有计划的积累和合理布局,以满足、保障社会发展和国家建设需要的全部活动。

要开发和利用文献信息资源,就要将分散的、无序的文献信息,建设成有序的整体系统。建设是开发的前提,没有对文献信息资源的建设,就谈不上开发和利用。所以说,文献资源建设是一项极为重要的基础建设工作,也是文献情报事业的重要组成部分。

文献资源建设工作是图书馆最重要的基础工作之一,随着文献量的剧增,文献资源建设工作已经变得越来越复杂和困难。因此,图书馆文献资源建设的研究也就成了图书馆领域的重大研究课题。

服务是图书馆的永恒主题,21世纪以来,对服务的重视远远超过以往。"读者第一,服务至上""读者永远是正确的""读者是上帝"等理念和相关言论的提出,让图书馆开始摆脱"以藏为主"的思想体系。互联网的蓬勃发展为图书馆带来了更加开放的理念,图书馆的数字化进程也从以纸质文献为主转向了数字资源,为这个服务时代奠定了基础。

"服务共享,让图书馆无处不在"应该成为图书馆服务理念永恒的追求,伴随着新媒体闪亮登场,图书馆服务更加具有活力。在充分完善自身文献资源支撑体系的同时,充分尊重读者,体现人文关怀,注重读者体验,逐渐深化基于网络的文献服务,构建以用户需求为核心的服务模式,各个图书馆再形成合力,成为图书馆服务的重要发展理念。

编 者

2023年9月

目 录

第一章 概论 1
第一节 公共图书馆的概念、起源与发展 1
第二节 公共图书馆的职能 19
第三节 公共图书馆的类型与形态 23

第二章 图书馆文献概述 30
第一节 文献 30
第二节 文献资源 41
第三节 图书文献 46

第三章 文献资源建设 55
第一节 文献资源建设概论 55
第二节 图书馆的文献需求 71
第三节 微观文献资源建设的任务和原则 86
第四节 宏观文献资源建设的基本任务和布局 93

第四章 文献检索语言和检索方法 98
第一节 文献检索语言的概念及作用 98
第二节 文献检索语言的类型 99

第三节　文献检索的方法、途径、步骤 …………………………… 102

　　第四节　文献检索效果评价 ………………………………………… 109

第五章　公共图书馆资源建设 ……………………………………………… 112

　　第一节　公共图书馆文献资源建设 ………………………………… 112

　　第二节　公共图书馆数字资源建设 ………………………………… 126

第六章　图书馆资源共享研究 ……………………………………………… 142

　　第一节　图书馆资源共享 …………………………………………… 142

　　第二节　特色资源共建共享 ………………………………………… 146

参考文献 ……………………………………………………………………… 161

第一章 概论

第一节 公共图书馆的概念、起源与发展

一、公共图书馆的概念

概念是人类在认识过程中,从感性认识上升到理性认识,把所感知的事物的共同本质特点抽象出来,加以概括,是自我认知意识的一种表达,形成概念式思维惯性。

(一)公共图书馆的含义

国际图书馆协会联合会(简称国际图联或IFLA)2010年修订的《公共图书馆服务指南》这样定义公共图书馆:由社区通过国家、地方政府或其他社区组织建立、支持和资助的图书馆;它向一个社区的所有成员,不管其种族、国籍、年龄、性别、宗教、语言、身体条件、经济及就业状况如何,平等开放。通过向社区成员提供各类资源和服务,使他们可以获取知识、信息及创作类作品。

这个定义包含了三个基本内涵:①公共图书馆是一个社区设施,由社区建立、维持并为社区所拥有。这里的"社区"指一个地区及居住在那里的人民,既可以是一个小镇也可以是一个城市,与我国城市街道所辖"社区"并非同一概念。之所以说公共图书馆是一个社区设施,且为社区所拥有,是因为它通常都由社区居民缴纳的地方税收支持,即社区居民是公共图书馆的实际出资人;②公共图书馆是在国家、地方政府或其他社区组织的安排、协调和管理下建设

起来的,或者说是社区委托国家、地方政府或其他社区组织建设的;③公共图书馆需向所在社区的全体居民平等提供各类资源和服务,以保证公众能够获取其需要的知识、信息和文学艺术类作品。

公共图书馆由社区建设、维持和拥有,由国家、地方政府或其他社区组织执行建设,并向社区全体居民平等提供服务的特性,在有些国家表现得比较直观,而在有些国家则不够直观。这与公共图书馆经费的拨付方式有关。一般说来,在按比例从特定税种(如物业税)中支付公共图书馆经费的国家,公共图书馆的上述特性表现得更加直观。社区居民向哪级政府缴纳相应税种,就享受哪级政府提供的公共图书馆服务,因此,居民对于自己纳税支持了哪些图书馆,以及对哪些图书馆享有"所有权",都比较清楚;居民甚至可以通过公投决定公共图书馆经费占相关税种的比例及其增减。

我国公共图书馆的经费虽然也来自地方税收,但在操作过程中,主要由当地政府从其统一财政中支付,特定图书馆与特定社区之间的隶属关系不很直观。因此我国特定社区的居民究竟支持了哪些图书馆,可以从哪些图书馆获得免费服务(例如,一个村民是否支持了其所在乡镇的图书馆、县图书馆、地级市图书馆、省图书馆,他对哪些图书馆拥有使用权利),这些问题的答案既不直观也不明确。

需要指出的是,长期以来,我国政府文件、统计资料和图书馆学文献大都用"公共图书馆"指代县级及以上图书馆。这只是对"公共图书馆"的一种习惯性用法,我们其实不具有把县以下基层图书馆排除在公共图书馆范畴之外的理论依据。这一习惯用法的形成在很大程度上是因为我国县以下基层图书馆缺乏稳定的经费来源和有力的执行者,难以长久维持,因此,通常不被视为一种稳定的社会机构。

(二)一所(个)"公共图书馆"的含义

在汉语中,个、所、座都可以作为公共图书馆的量词使用,其中"座"代表以建筑物为单位的图书馆,有多少图书馆建筑物,就有多少座图书馆,含义比较明确。而"个"或"所"的含义就不那么明确。一馆两所的图书馆究竟是一所图书馆还是两所？人、财、物统一管理的特定总分馆究竟是一所还是多所？

国外对一所(个)图书馆的界定方式也不一致。在美国的统计资料中，一个人、财、物统一管理的单元被称为一所图书馆。

在我国，由于目前县级以下的基层图书馆尚未被纳入公共图书馆范畴，而县级及以上的图书馆大都彼此独立，各自为政，且一馆一舍，因此，我国现有统计资料中的公共图书馆数量大致等同于县级及以上的图书馆场馆数量，但尚没有任何统计资料对"一所公共图书馆"的含义做出明确界定。随着我国逐步建成覆盖全社会的公共图书馆服务体系，不同级别的公共图书馆之间已出现不同程度的整合，人、财、物统一管理的总分馆开始出现，"一所公共图书馆"的含义也将变得比以往复杂。在未来的图书馆评估、统计等活动中，我们迟早需要界定一所公共图书馆的含义。根据我国公共图书馆之间独立性较强的历史，以及《公共图书馆建设用地指标》等文件的用法，估计在建成覆盖全社会的公共图书馆服务体系之后，我国图书馆界会更趋向于把"一所公共图书馆"定义为一个公共图书馆场馆。

(三)公共图书馆服务体系的含义

在我国，"公共图书馆服务体系"概念是随着"公共文化服务体系"概念的出现而出现的，2004年国家发改委在关于当年经济工作的意见中提出，要建设完备的公共文化服务体系；2006年《中华人民共和国国民经济和社会发展第十一个五年规划纲要》明确提出建设覆盖全社会的公共文化服务体系。此后，图书馆学专业就开始频繁使用"公共图书馆服务体系"和"覆盖全社会的公共图书馆服务体系"概念。"十一五"期间，"公共文化服务体系"和"公共图书馆服务体系"在很多场合已分别取代"公共文化事业"和"公共图书馆事业"而成为讨论事业发展问题的基本概念。但对其含义，人们的理解并不一致。

从逻辑上说，在"服务体系"之前冠以"全覆盖"的限定，就表明该体系的构成要素是可布局的资源和设施等(有些使用者将文化产品生产体系、评估体系等也纳入公共文化服务体系，在逻辑上就很难理解)。基于这样的认识，本书将公共文化服务体系理解为由政府主导建设，由公共财政支持，以保障民众基本文化权益、满足其基本文化需求为目标,按特定标准布局的文化设施(包括其蕴含的各类资源)的架构;将公共图书馆服务体系理解为:独立地或通过合作方式向公众提供公共图书馆服务的基础设施及其蕴含的各类资源的架构,包括所有实体图书馆、馆外服务点和流动图书车,以及它们的合作性服务平台。

(四)公共图书馆在整个图书馆事业中的位置

公共图书馆是现代图书馆事业的重要组成部分。现代图书馆事业是为了满足不同人群在不同情境下的知识与信息获取需要而出现的,因而按知识与信息的获取需要划分为不同的类型,包括:国家图书馆、大学图书馆、公共图书馆、中小学图书馆、专业图书馆等。

现代意义的国家图书馆产生于17至18世纪的欧洲,其基本职责是充当国家总书库,完整保存一个国家生产的知识和文化遗产,保证该国文明的代际传承;大多数国家图书馆还同时承担与这一职能相兼容的当代知识获取需要(如研究过程中产生的知识获取需要)。因此,国家图书馆的出现首先使从现在到未来的知识传承得到保障,同时也使一部分当代知识获取需要得到了满足。大学图书馆也是在18至19世纪逐渐具备了现代大学图书馆的功能和管理模式,其主要职责是支持大学中的教学和科研活动,满足大学活动中的知识获取需要。现代意义的公共图书馆出现于19世纪中叶,其基本职责是满足普通民众在工作、学习和生活中产生的对知识和信息的需要。它的出现使全体社会成员的知识与信息获取需要都有了满足的场所,在图书馆事业发展史上具有划时代的意义。19世纪之后,在企业、研究机构、协会学会、中小学等组织中,陆续出现了专门支持这些组织的图书馆。其中隶属于企业、研究机构、协会学会的图书馆被称为专业图书馆,隶属于中小学的图书馆被称为中小学图书馆。

公共图书馆满足的知识与信息获取需要非常广泛,它除了为那些没有机会利用其他图书馆的公众提供服务外,也为有机会利用其他类型图书馆的公众提供补充性服务。因此,公共图书馆可以根据需要与其他所有类型的图书馆开展合作,以便更好地保障全民的知识与信息获取。公共图书馆最经常开展的合作是与中小学图书馆合作,服务于未成年人的知识与信息获取需要;它也经常与高等学校图书馆开展合作,辅助高等学校图书馆满足其用户在教学、学习和科研中的需要,特别是那些因半工半读不能住校,无法享受学校图书馆资源的成人学生的需要。

二、公共图书馆的起源

(一)文字的发明

图书馆的起源与人类文明的起源、发展紧密相连。图书馆起源的一个最重要的历史文化背景就是文字的发明。作为记录和传达语言的书写符号,文字与宗庙建筑、金属冶炼技术等一起,被认为是人类进入文明社会的重要标志。恩格斯在《家庭、私有制和国家的起源》一文中对此进行了阐述:"从铁矿的冶炼开始,并由于文字的发明及其应用于文献记录而过渡到文明时代。"在世界文明发展史上,先后出现了象形文字、表意文字和表音文字。象形文字的出现被认为是埃及早王朝时期(约公元前3100年~公元前2686年)开始的标志之一,在此后的3000多年中,象形文字一直为埃及人所使用。"象形文字"一词在希腊语中意味着"神圣符号",它是一种纪念性的文字,刻写在坚硬物体的表面或精心描绘出来。古埃及的象形文字多书写在纸草之上,这是一种称为纸草的水生植物的茎芯制作而成的书写材料,书吏多采用以芦苇的纤维制成的笔进行书写,将多张纸草黏合在一起,就成了纸草卷。

中国的汉字则兼具象形、表意和表音的特点。所谓"画成其物,随体诘诎,日月是也",讲的就是汉字象形的特点;"视而可识,察而可见,上下是也",讲的就是汉字表意的特点;"以事为名,取譬相成,江河是也",讲的就是汉字表意和表音相结合的特点。这些都是中国东汉学者许慎在《说文解字·序》中列举的例子。他还描述了文字的起源:"古者庖羲氏之王天下也,仰则观象于天,俯则观法于地,视鸟兽之文与地之宜,近取诸身,远取诸物,于是始作《易》八卦,以垂宪象。及神农氏结绳为治而统其事,庶业其繁,饰伪萌生。黄帝之史仓颉,见鸟兽蹄远之迹,知分理之可相别异也,初造书契。……仓颉之初作书,盖依类象形,故谓之文;其后形声相益,即谓之字。"

文字需要有书写和记录的载体。这样,伴随着文字的发明,文献也就应运而生了。

(二)文献的出现

图书馆起源的另一个最重要的历史文化背景就是文献的出现。文献的出现与文字的发明是互为依存的文化现象。所谓"夫文字者,坟籍根本"。文字以文献为载体来加以展示记录,文献通过文字书写刻印的形式来予以保存。许慎在《说文解字·序》中认为:"盖文字者,经艺之本,王政之始。前人所以垂后,后人所以识古。"文献作为人类知识的保存载体,成为人类文明承续的集中体现。随着文献的产生与数量的增加,文献有序保存的需求开始出现,保存文献的图书馆也就应运而生了。

埃及亚历山大图书馆创建于公元前3世纪,是世界图书馆发展史上最著名的图书馆之一,历史上曾拥有藏书至少70万卷(纸草卷)。这些文献最大范围地覆盖了世界上各个时代已知的科学文化作品。文献的出现成为图书馆起源的文化基础,而图书馆的出现与发展又为文献的长期保存提供了条件。中国现在保存在781个图书馆等机构(不包括台湾地区)中的纸质古籍善本文献多达13万部。

(三)"图书馆"的词源与图书馆的起源

"图书馆"的对应英文为Library,来源于拉丁语的Libraria;在意大利语和西班牙语中为Bihlioteca,则是从拉丁化的希腊词Bibliotheca和Dnkn来的,都具有藏书处所的含义。今天的两河流域(又称美索不达米亚)是世界最早图书馆的发源地。1889—1900年,美国考古学家彼得斯(John Punnett Peters)在伊拉克境内位于巴格达以南的尼普尔(Nippur)的一个寺庙废墟附近,发现了许多泥版图书,其被认为是4000多年前世界上最早的图书馆或档案馆遗存文献的一部分。这样的考古发现,在19世纪后期和20世纪前期曾有过多次。

公元前7世纪,亚述巴尼拔国王在位于底格里斯河上游的尼尼微(今伊拉克摩苏尔附近)建立了一所图书馆。1845年至1851年,英国人A·H·莱亚德在尼尼微古城发现了大约3万块雕有楔形文字的泥板。古埃及至迟在古王国时期(约公元前28世纪~公元前23世纪)建有王室图书馆和寺院图书馆。古代希腊和罗马时期也建有为上层贵族保存文献的图书馆以及一些著名学者的私人图书馆。闻名于世的亚历山大图书馆由托勒密一世创建于公元前288年,典藏丰富,学者云集,是古代图书馆的代表。

在中国,伴随着早期的甲骨文献、金石文献、泥陶文献、简牍文献和缣帛文献的出现,图书馆也随之产生了。《尚书·多士》中记载:"惟殷先人,有册有典",《墨子·鲁问》中也有"书之于竹帛,镂之于金石"的字句。《周礼·春官宗伯》中记载:"大史掌建邦之六典,以逆邦国之治""小史掌邦国之志,奠系世,辨昭穆""外史掌四方之志,掌三皇五帝之书"。这说明周代的大史、小史、外史等官,掌管着皇宫的三皇五帝之书,负责各类文献档案的收集、整理和保存,成为国家管理典藏文献的专职官员,而这些文献在王室中的典藏处所则成为中国古代图书馆的萌芽。《史记·老子韩非子列传》中记载:"老子者,楚苦县厉乡曲仁里人也,姓李氏,名耳,字聃,周守藏室之史也。"因此老子被誉为中国古代最早的图书馆馆长。司马迁在《史记·太史公自序》中曾提到了古代图书馆的名称:"秦拨去古文,焚灭《诗》《书》,故明堂、石室、金匮玉版图籍散乱。"据此,明堂、石室、金匮等被认为是当时的国家藏书之所。

(四)公共图书馆的萌芽

1.图书馆向公众开放的进程。公元前3世纪,由托勒密一世创建的埃及亚历山大图书馆曾向所有公民开放;古罗马的图书馆也曾向城市自由民开放,欧洲中世纪的贵族、僧侣或新兴的富裕阶层的一些私人图书馆也曾向学者和一些市民开放;在回教图书馆发展时期的伊拉克巴格达,一个城市中就有30所向公众开放的图书馆,这些都具备了公共图书馆的一些性质和要素。15世纪初期,也出现过个别为市民服务的城市公共图书馆,如德国的不伦瑞克市在1413年就有这样的城市图书馆,"但在中世纪后期,这一类型的图书馆还没有显示出它的活力"。同时期的梵蒂冈图书馆从世界各地收集了古典文献,以便公众使用,但其服务的范围还局限于神职人员和学者。15世纪后期,居住在意大利的希腊人贝萨里昂(1403—1472)将毕生所收藏的图书赠送给威尼斯市,附加条件就是向民众开放,这些珍贵图书后入藏于16世纪中期对外开放的圣马可图书馆。16世纪普鲁士阿尔勃莱希特公爵在柯尼斯堡建立的君侯图书馆中就专门辟有城堡图书馆,对外开放并提供公共服务。16世纪后期,在意大利佛罗伦萨建立的美第奇家族的洛伦佐图书馆被认为是文艺复兴时期带有公共性质的早期图书馆,这一图书馆1571年正式向公众开放。1796年,经历了法国大革命后的法国国家图书馆从原先每周开放两天改为每天开放四小时。从以上例子可以看出,图书馆的公共性质在历史上有一个逐步趋向开放的发展轨迹。

2. 公共图书馆思想。在公共图书馆历史进程的实践基础上,公共图书馆思想也开始产生。16世纪上半叶,马丁·路德等人倡导德意志城镇图书馆是为一般市民服务的理念。17世纪中期,出任法国马萨林图书馆馆长的诺代提出了"图书馆不应该专为特权阶级服务""馆藏不应当有倾向性和排他性""图书馆必须向一切研究人员开放"的思想,图书馆的办馆宗旨就是"向一切愿意来馆学习的人开放"。17世纪后期,长期担任公爵图书馆馆长的莱布尼茨(1646—1716)提出了"图书馆的头等重要的任务是:想方设法让读者利用馆藏",主张尽可能延长开放时间,不要给图书出借规定太多的限制,并要求馆内有取暖设备和灯光设备。曾任英国不列颠博物馆馆长的帕尼齐(1797—1879),1856年出任第六任馆长,对馆藏政策,他认为"不列颠博物馆应当收藏世界上一切语种的有用的珍贵图书,英文的藏书应当是世界第一的,俄文藏书应当在俄国境外是第一的,其他外文的收藏也应当如此"。不仅如此,帕尼齐设计的圆顶巨型阅览室建成后,读者从1856年的5万人次增加至1888年的20万人次。

3. 会员制图书馆的出现。18世纪英、美等国家出现的会员制图书馆成为近代公共图书馆的雏形。富兰克林(1706—1790)在其自传的"创建图书馆"部分描述了他1731年在美国费城创建会员制图书馆的情景。

第一章 概论

  我们读书俱乐部的会员们每个人都有一些书。起初我们聚会的场所是一家啤酒店,后来我们离开了那地方,租了一个开会的房间。因此我提议大家把自己的一部分书籍拿到那间房子,这样对大家都有利,在我们讨论的时候方便参考,而且每个人都可以把他需要的书借回家去读。我们就这样做了,开始的时候大家都感到很满意。接着,我进一步提出了一个推广读书的建议:创立一所公共图书馆,让更多的人可从书籍当中受益。于是我起草了一个简单的计划,同时拟定了一个必要的章程。请精于此道的公证人查尔斯·布罗克登先生把这些规则改写成为一份图书订阅合同,按照合同规定,每个订阅图书的会员必须先付一笔钱,用以图书馆购买第一批书籍,以后每年支付一定的费用来添置图书。

  那时候,整个费城读书的人还非常少,我们这些人大多数很穷,以致我东奔西跑只不过找来了50来个年轻的商人,愿意为此先付40先令,以后每人每年付10先令。我们就靠着这样小小的一笔资金起家,从国外进口书籍,图书馆每周开放一天,向会员出借书籍。如果过期不将图书归还,就会按照事先约定的条款加倍罚款。这种图书馆不久就显示出它的优越性,很快其他的城镇和地区也开始仿效了。一时间,读书成了时髦的事情。而且图书馆因为大量的私人捐赠得以扩大。因为大众没有其他公共娱乐来转移他们对读书的兴趣,于是就和书结下了不解之缘。没过几年,从外地来的人就发现这里的民众比同一层次的其他国家的人民更有知识、更有教养。

  会员制图书馆的会员有三项权利:一是可以借书;二是可以要求添购自己想要看的书;三是在每年一次的会员大会上有权选举图书馆管理员。这种会员制图书馆后来也逐渐向非会员开放,成了真正的公共图书馆。费城市民曾亲切地称会员制图书馆为"我们的市图书馆"。会员制图书馆在美国发展迅速,至1870年已超过千所。与此同时,18世纪上半期的英国在商业性的租借图书馆基础上也出现了非商业性的会员图书馆,或名之为"图书俱乐部",但限于会费的交纳,尚局限在有一定收入的知识阶层。

三、公共图书馆的发展

(一)世界公共图书馆的发展

1.世界图书馆发展的文化背景。对于20世纪前的欧洲地区的图书馆发展历史,曾担任国际图联主席的卢克斯曾进行了如下的总体勾勒:公元前300年的欧洲图书馆:面向天文学、植物学、语言学、动物学;6~15世纪的欧洲修道院图书馆:面向神学、哲学、文学、艺术、科学;16~19世纪的欧洲图书馆:面向人文学科、艺术和科学方向发展。图书馆作为人类社会的一个普遍的文化现象,其产生和发展同宗教、社会、文化、政治、学术等都有着密切的联系。

(1)宗教与图书馆的发展:在世界图书馆的发展史上,宗教与图书馆的发展有着特别紧密的内在联系。早在公元前250年前,在中东的耶路撒冷就创办有基督教的图书馆,公元3世纪至5世纪,基督教图书馆在欧洲和北非各地迅速发展起来。到了中世纪(476—1640),宗教的作用愈益显著。修道院图书馆成为欧亚各国的普遍现象,如意大利博比奥修道院图书馆,君士坦丁堡的东正教图书馆,叙利亚大马士革、伊拉克巴格达的回教图书馆等。此外,还有大量的教廷图书馆,如罗马的教廷图书馆等。将搜集典籍作为毕生追求的尼古拉五世帕伦图切利,曾重建了梵蒂冈图书馆,成为15世纪意大利最重要的图书馆。16世纪的宗教改革给欧洲各国的修道院图书馆及其馆藏造成了很大的损失;与此同时,宗教改革领袖马丁·路德(1483—1546)对图书馆也十分重视,他在1524年《给德意志所有城市的参议员的信》中写道:"为了建立新的图书馆或图书室,不应当吝惜汗水和金钱,在那些有能力做到这一点的大城市,更是不应当吝惜。"16世纪中期,位于慕尼黑的联邦德国巴伐利亚州立图书馆的前身皇家图书馆开始建设,随着教会的世俗化,至1803年,历史悠久的教会和修道院图书馆的大批珍藏入藏该馆,1829年易名为宫廷图书馆,以重点收藏考古、语言和历史文献为其特色。

(2)文艺复兴、印刷术的发明与图书馆的发展:文艺复兴推动了世界图书馆事业的发展。恩格斯曾对文艺复兴做了如下的评价:"这是一次人类从来没有经过的最伟大的、进步的变革,是一个需要巨人而且产生了巨人——在思维能力、热情和性格方面,在多才多艺和学识渊博方面的巨人的时代。"文化的繁荣促进了文献的学习、流通和典藏,而印刷术的发明使文献的购买成为更为普遍和更为容易的事情。通过雕版或活字技术以及手工抄写可以将孤本化身千百,知识资源的数量不断增加,知识信息传播的需求也不断增强,各类图书馆特别是私人图书馆不断涌现,图书馆的馆藏日益丰富。意大利佛罗伦萨的美第奇家族图书馆以其世代传承的丰富馆藏闻名于世,而米开朗基罗为洛伦佐·美第奇图书馆的设计更是为其锦上添花。15世纪后期,受意大利文艺复兴的影响,弗朗索瓦一世(1494—1547)于1534年在路易十一世的基础上又在巴黎南部的国王行宫——枫丹白露宫建立了一所意大利风格的皇家图书馆,人文主义者比代(1468—1540)出任了该馆馆长。弗朗索瓦一世还于1537年12月28日颁布了呈缴文献的《蒙彼利埃敕令》,在世界图书馆发展史上产生了重要的历史影响。在意大利北部的切泽纳镇,至今还保存着现存唯一的文艺复兴早期的图书馆——马拉特斯塔图书馆。11世纪中期,中国毕昇(约970—1051)发明了泥活字印刷。至15世纪中期,德国人谷登堡(1400—1468)发明了金属活字印刷。活字印刷处于摇篮时期的刊本称为"摇篮本",现保存于世的已成珍稀善本。

(3)政治与图书馆的发展:16~18世纪,德国在普法战争之前曾分成了许多诸侯小国,在各地诸侯建立的城邦首府中都建了带有私人性质的君侯图书馆,如16世纪海德堡的帕拉丁纳图书馆以及普鲁士的阿尔勃莱希特(1490—1568)公爵在柯尼斯堡建立的君侯图书馆。其中柯尼斯堡君侯图书馆还颇有特点地拆分为二:一为专供公爵使用的官室图书馆,一为对外开放的城堡图书馆。16世纪下半叶出现在西班牙的"巴洛克"图书馆,以经营者多为君主和诸侯而体现出豪华、浮夸的风格,而文献的大量增加使巴洛克图书馆开始形成依靠墙壁摆放书架的图书使用和管理方式,其代表就是1567年在西班牙马德里近郊建立的艾斯库略尔宫图书馆。受这种大厅式图书馆建筑样式的影响,17世纪初在意大利的米兰和罗马分别新建了安布罗西安图书馆和安吉洛图书馆。17世纪中期在法国巴黎出现的著名的马萨林图书馆,1642年著名学者诺代(1600—1653)出任馆长之后,提出了一些政治方面的考虑,如图书馆不应该专为特权阶级服务,馆藏不应当有倾向性和排他性,图书馆必须向一切研究人员开放,经营图书馆的目的不在于提高图书馆所有者(君主、诸侯、贵族等人)的声誉等。19世纪上半期,拿破仑征服了许多国家,他把许多图书作为战利品从荷兰、德国、奥地利、西班牙、意大利等国带回了法国巴黎,入藏法国国家图书馆,这样法国国家图书馆成为法国最大的图书馆,并跻身全世界最大图书馆的前三名。

(4)学术进步与图书馆的发展:在欧洲,随着人文与自然科学的进步,从15世纪末开始,先后出现了一些专门的图书馆。如1497年建立的林肯学院图书馆,即为英国历史最为悠久也是最大的法律图书馆;1735年在德国汉堡成立的商业图书馆;1752年在哥本哈根建立的皇家园艺图书馆;1766年创设于荷兰西部城市莱顿的荷兰文学社,成为欧洲最重要的文学专业图书馆。

(5)博物馆与图书馆的发展:博物馆与图书馆作为不同的文化现象,两者之间你中有我、我中有你,在历史上互相联系、互相融合。1753年经英国议会立法成立了不列颠博物院,其中分为图书馆和博物馆两部分。被誉为"图书馆员的拿破仑"的帕尼齐,于1856年出任不列颠博物馆第六任馆长(1866年退职),并设计了世界闻名的圆顶巨型阅览室和铁制书库,为人们留下了卡尔·马克思在这里看书学习并写作《资本论》的佳话。1971年由F·S·丹顿提出白皮书,建议将图书馆从博物院分出,单独成立英国国家图书馆,这一建议当年获得英国议会批准通过,1973年不列颠图书馆正式独立建制运行。18世纪初,法国国家图书馆也设立了铜版画部和勋章部,在收集图书文献的同时,也承担起了一般由博物馆承担的收集珍贵文物的使命。

2.世界公共图书馆发展进程中重要的人与事。如果说19世纪中叶以前的图书馆只是公共图书馆的萌芽的话,那么19世纪后50年在英、美等国出现的图书馆,则被认为是近代意义的公共图书馆,在此基础上,全球各国的公共图书馆开始大量涌现。近代意义的公共图书馆具有三大特点:一是向所有读者免费开放;二是经费来源于地方行政机构的税收;三是设立和经营必须有法律依据。这就将公共图书馆与此前具有公共性质要素的图书馆区分开来了。

(二)我国公共图书馆的发展

1. 我国古代图书馆的发展。

(1)先秦两汉图书馆的发展:秦朝统一中国后,秦始皇于三十四年(公元前213年)采纳宰相李斯的建议,"非秦记皆烧之。非博士官所职,天下敢有藏《诗》《书》、百家语者,悉诣守、尉杂烧之。有敢偶语《诗》《书》者弃市。以古非今者族。吏见知不举者与同罪。令下三十日不烧,黥为城旦。所不去者,医药卜筮种树之书"。这就是著名的"焚书坑儒"的"焚书"事件,使先秦积累的文献遭到了"皆烧之"的厄运。西汉初年,开始着手建立石渠阁作国家藏书之所,典藏入关所得秦代的图籍文书。汉惠帝四年(公元前191年),"除挟书之律,儒者始以其业行于民间"。汉武帝时,"开献书之路,置写书之官,外有太常、太史、博士之藏,内有延阁、广内、秘室之府"。东汉光武中兴,"四方鸿生巨儒,负裹自远而至者,不可胜算。石室、兰台,弥以充积。又于东观及仁寿阁集新书"。

(2)三国魏晋隋唐图书馆的发展:汉代纸的发明,对文献和图书馆发展起了重要的推动作用。《后汉书·蔡伦传》中记录了蔡伦造纸的史实:"自古书契多编以竹简,其用缣帛者谓之为纸。缣贵而简重,并不便于人。伦乃造意,用树肤、麻头及敝布、渔网以为纸。元兴元年奏上之,帝善其能,自是莫不从用焉,故天下咸称'蔡侯纸'。"随着纸的发明,文献数量大幅增加,特别是写本文献成为公私收藏的重要文献,《晋书·左思传》中记载的"洛阳纸贵"的故事也从一个侧面反映了纸的流行和写本书的兴盛。三国魏晋时,国家的典籍"藏在秘书中外三阁"和东观。南北朝时,朝代更迭,图书馆的藏书屡遭厄运,图书散乱殆尽,但其间时有整理秘阁、裨残补缺的情况。隋代统一之后,曾进行了较大规模的访书抄书活动,有的"秘阁之书限写五十副本",使东都洛阳的观文殿、修文殿以及西京嘉则殿的藏书得以补续残缺,藏书之富,冠绝古今。唐朝建立后,继续购募遗书,并大加搜写,广采天下异本,使秘书省、弘文馆、史馆、崇明馆、集贤院等四部充备。唐代发明了雕版印刷技术后,至五代,刻书数量大增,为以后图书馆的文献典藏提供了新的文献载体。

(3)宋元明清图书馆的发展:继汉代纸的发明、唐代雕版印刷术的发明之后,宋代沈括在《梦溪笔谈》中记载了泥活字印刷的发明:"庆历中,有布衣毕昇又为活版",并详细叙述了泥活字的制作印刷方法。之后,元代王桢又在《农书》附录的文章《造活字印书法》中介绍了木活字印书省便之法。雕版印刷术和活字印刷术的发明形成了印本文献的时代,使图书馆的典藏发生了巨大的变革。北宋时,新建了崇文院、秘阁,另设有宫内藏书楼太清楼、龙图阁以及天章阁等。南宋的秘书省则建有规模庞大的右文殿、秘阁、道山堂、石渠等图书馆藏书处,分东廊和西廊八十多间秘阁书库。元代皇家图书馆的珍藏在承续辽代和金代以及收掠宋代藏书的基础上也有一定的发展。明代建都南京后,于洪武年间建皇家图书馆大本堂和国子监,取古今图籍充其中,而以收藏《永乐大典》闻名于世的文渊阁更是成为皇家图书馆的藏书中心。永乐年间迁都北京后,进一步购募天下遗籍,贮于文渊阁,又有皇史宬等收藏档案。清代的皇家图书馆不仅有收藏《四库全书》的北方宫廷四阁(文渊阁、文渊阁、文津阁、文溯阁)和江南三阁(文汇阁、文宗阁、文澜阁)。还有皇宫中专门收藏善本的天禄琳琅、宫廷刻书并藏书的武英殿等专门图书馆。明清私人图书馆也有很大发展,较著者有天一阁、汲古阁、澹生堂、绛云楼、海源阁、铁琴铜剑楼、丽宋楼等。日本学者岛田彦桢在20世纪初期写有《皕宋楼藏书源流考并购获本末》,提供了清代私人图书馆的许多情况。同时,宋元明清还有不少书院图书馆,在古代图书馆发展史上也有重要的作用。

2.我国近现代公共图书馆的萌芽与发展。

(1)我国最早的公共图书馆:在西方公共图书馆发展的同时,东方中国的公共图书馆也开始出现。1849年创建的上海Book Club(上海书会,后易名上海图书馆)在进入20世纪后改英文名为Public Library,S·M·G。即工部局公共图书馆或工部局公众图书馆,对外曾用中文招牌"公众图书馆",又有洋文书院、洋文书馆、市政厅图书馆等俗称,从名称和相对的开放度体现出其公共的性质。这是"图书馆"一词在中国出现较早的例子。1872年,日本开始设立"东京书籍馆",并宣布对公众开放,1879年,"东京书籍馆"改名"东京图书馆"。1896年9月27日的中国《时务报》在"古巴岛述略"的文章中也列举有

"图书馆"的词汇,这些都是研究"图书馆"一词在近代亚洲出现的重要史料。

(2)西方人在华创办的各类图书馆:随着西方传教士来到中国并在中国沿海城市开埠,带有西方文化色彩的图书馆与中国古代的藏书楼文化开始融合,上海作为东西方文化的交汇点和最早开埠的中国沿海城市,成为近代图书馆的发源地,较典型的例子是创建于1847年的上海徐家汇天主堂藏书楼,现多用徐家汇藏书楼之名。带有西方色彩的图书馆还有其他几个例子,如创办于1871年的亚洲文会北中国支会图书馆,由英国人伟烈亚力(1815—1887)受伦敦总会的委托来上海创办,成为专门的图书馆。创办于1875年的格致书院藏书楼,由英国人傅兰雅(1839—1928)在上海创办,并向中外读者提供服务。1894年,上海圣约翰大学图书馆(后命名为罗氏藏书室或罗氏图书馆)建立,由美国圣公会传教士创办,成为中国近代较早的大学图书馆。除上海之外,武汉在近代图书馆发展史上也占有重要的位置,这是因为作为中国近代早期公共图书馆的文华公书林在此创办。1903年,美国人韦棣华(1861—1931)为文华书院筹办图书馆阅览室,1910年春,文华书院图书馆建成,命名为文华公书林,并为学校师生和校外读者服务。

(3)20世纪初期我国各类图书馆的发展:进入20世纪,中国图书馆在中西文化交融下得到了长足的发展。1902年,京师大学堂图书馆(北京大学图书馆前身)的建立成为近代大学图书馆事业发展的重要事件。1896年至1909年,李端棻、罗振玉以及清政府学部等先后奏请筹建京师图书馆。1909年,京师图书馆宣告正式成立,缪荃孙被任命为正监督,于1912年正式对外开放,成为当时中国北洋政府时期的国家图书馆,也成为近代图书馆发展史上具有代表性的一件大事。1902年,清政府颁布施行《学堂章程》,其中有"大学堂当附属图书馆一所","大学堂设图书馆经营官,以各分科大学中正教员或副教员兼任"等规定,"图书馆"一词开始出现在中国官方的文件中。1904年,湖北省图书馆与湖南省图书馆先后建立,开了中国省级公共图书馆的先河。1909年,清政府提出了"京师开办图书馆"和"各行省一律开办图书馆"的要求,各地政府也积极响应并提交建馆奏折,公共图书馆建设在中国各地遂形成了一种风气。同年,邓实等人在上海创办了国学保存会藏书楼,以供会员和会外好学之士观览,这种学会、学堂的图书馆成为19世纪末20世纪初中国图书馆发展的一个特色。在上海图书馆保存的盛宣怀档案中,发现有1910年盛宣怀在上海斜桥盛公馆东首计划创办上海图书馆的档案,其中有上海图书馆创办人刘氏给盛宣怀的信函以及上海图书馆新馆的各类设计图,包括图书馆办事处地盘图样、图书馆办事处图样、图书馆中央正面图和侧面图等,可据此了解当时图书馆普通书楼、上等书室与书楼的布局。

(4)20世纪上半期我国公共图书馆的发展:1902年,浙江绍兴的徐树兰以"存古创新"为宗旨,依靠个人的力量创办了古越藏书楼,被认为是中国近代较早的公共图书馆,并于1904年正式向社会开放。1903年,具有公共性质的武昌文华公书林建立。从1904年至1914年的10年间,中国共建立了18个省级公共图书馆。清政府于1909年颁布了《京师图书馆及各省图书馆通行章程》,提出了供专家学者研究学艺、检阅考证和供人浏览的办馆宗旨。民国年间,各类向公众开放的公共图书馆成为中国较为普遍的社会文化教育设施。在上海,1922年上海总商会的商业图书馆、1926年的东方图书馆、1939年的上海私立合众图书馆等,都向公众提供了借阅服务,公共图书馆成为20世纪上半期图书馆发展的主流。据中华图书馆协会的统计,在1925年,全国502所图书馆中,公共图书馆为259所,占51.6%;又据1948年出版的《第二次中国教育年鉴》的统计,发展至抗日战争前的1936年,全国图书馆数量已猛增至5196家。20世纪30至40年代,陕甘宁边区也曾创办有一些公共图书馆。如1937年5月在延安创办的中山图书馆等。

(5)20世纪下半期和21世纪初期我国公共图书馆的发展:20世纪下半期,公共图书馆发展的一个最重要的特点就是政府主导与推动。1953年,中央人民政府文化和旅游部社会文化事业管理局下发了社管图字第343号公函,要求全国各地的公共图书馆"应以图书最迅速地、广泛地在读者中间流通的总原则,开展推广、阅览、辅导工作",并积极推广为工人、农民服务的小型阅览室。1957年9月6日,国务院全体会议第57次会议批准公布了《全国图书馆协调方案》,决定在国家科学规划委员会下设图书组,并在北京、上海两个直辖市分别设立全国第一中心图书馆和全国第二中心图书馆;同时还决定在武汉、沈阳、南京、广州、成都、西安、兰州、天津和哈尔滨等城市分别建立9个地区性中心图书馆,并开展地区性的中心图书馆之间的分工合作。1980年5月26日,中共中央书记处举行第23次会议,听取了北京图书馆馆长刘季平所作的《图书馆工作汇报提纲》。同年6月1日,中共中央办公厅秘书局发出通知,通知指出:"决定在文化和旅游部设图书馆事业管理局,管理全国图书馆事业。书记处认为:将来还可以考虑把北京图书馆搞成一个中心,建设全国性的图书(馆)网,把图书馆办成一个社会事业。"1982年12月,文化和旅游部颁发了《省(自治区、市)图书馆工作条例》。1987年8月,中共中央宣传部、国家文化和旅游部、国家教委、中国科学院共同向中共中央、国务院提交了《关于改进和加强图书馆工作的报告》,当年10月正式下发。其中提出图书馆要把开发文献信息资源和最大限度地满足社会对文献信息的需求作为根本任务,并要求图书馆实行开架阅览。1994年起,国家文化和旅游部组织开展了对全国省、地、县的公共图书馆和少年儿童图书馆的第一次评估,并于1998年、2003年、2009年进行了第二三四次的评估,推动了全国公共图书馆服务体系的建设和服务与管理品质的提升。1997年1月,中共中央宣传部、文化和旅游部、全国总工会、团中央、全国妇联、国家科委、国家教委等9个部委联合下发了《关于在全国组织实施"知识工程"的通知》,倡导全民读书,建设阅读社会,推动了包括公共图书馆在内的群众性读书活动。2002年4月,由国家文化和旅游部和财政部联合实施了全国文化信息资源共享工程,创新了以公共图书馆为主体的图书馆服务内容、管理体制和信息传递技术。至2010年,全国已建成1个国家中心,33个省级分中心(覆盖率达100%),2867个县级支中心(覆盖率达95%),22963个乡镇基层服务点(覆盖率达67%),59.7万个村基层服务点(覆盖率达98%),累计提供服务9.6亿人次。2003年3月,国家文化和旅游部在上海召开了"部分省市城市图书馆资源共建共享工作座谈会",肯定了上海市自2000年12月正式启动的中心图书馆总分馆建设成果。公共图书馆总分馆建设在全国逐步推开。2004年12月,国家推出了"送书下乡工程"。2005年12月23日,中共中央和国务院发布了《关于深化文化体制改革的若干意见》,其中明确指出:"国家兴办的图书馆、博物馆、文化馆(站)、科技馆、群众艺术馆、美术馆等为群众提供公共文化服务的单位,为公益性文化事业单位","发展公益性文化事业单位要以政府为主导,增加投入、转换机制、增强活力、改善服务,实现和保障广大人民群众的基本文化权益",并提出"逐步形成覆盖全社会的比较完备的公共文化服务体系"。2007年8月21日,中共中央办公厅和国务院办公厅下发了《关于加强公共文化服务体系建设的若干意见》,内容包括实施全国文化信息资源共享工程、农家书屋建设工程等在内的公共文化服务工程。2011年2月,文化和旅游部和财政部共同出台了《关于推进全国美术馆、公共图书馆、文化馆(站)免费开放工作的意见》,根据意见,全国所有公共图书馆在免费开放的同时,要使基本公共文化服务质量和水平不断提升,健全服务项目并形成服务品牌。

(6)我国公共图书馆的法制进程:中国公共图书馆法的编制可追溯至1990年文化和旅游部主持的《公共图书馆条例》起草工作,后因机构改革等原因而中断。2008年,文化和旅游部决定正式启动《公共图书馆法》立法。先后形成了2009年11月《公共图书馆法》的"讨论稿"和2010年3月的"征求意见稿"。2008年4月,中华人民共和国住房和城乡建设部、自然资源部、文化和旅游部共同发布《公共图书馆建设用地指标》,于2008年6月1日起正式施行。2008年8月,中华人民共和国住房和城乡建设部、国家发展和改革委员会、文化和旅游部共同发布《公共图书馆建设标准》,于2008年11月1日起正式施行。从1994年开始编制的《公共图书馆评估标准》先后于1998年、2003年和2009年进行修订,体现了与时俱进,以适应图书馆事业发展的要求。《公共图书馆服务规范》则是由国家市场监督管理总局和国家标准化管理委员会共同发布的标准规范,由文化和旅游部提出,主要由上海图书馆负责编制,浙江图书馆和长春图书馆参与编制,是近年来由国家层面正式颁布实施的首部公共图书馆的服务规范。

"国际大都市图书馆指标体系研究"是国家社会科学重点项目(05ATQ001),自2005年至2008年先后完成了阶段性成果《世界著名城市图书馆述略》和中英文对照的最终成果《国际大都市图书馆指标体系研究》,创建了以资源条件、服务效能、服务成果、影响贡献为框架结构的指标体系,对全球有代表性的16个城市图书馆进行了具体介绍,并用创建的大都市指标体系对纽约、巴黎、新加坡、中国香港和上海的城市图书馆详细的案例数据与事实进行了分析和比较。2010年,深圳市也完成了《图书馆之城建设指标体系研究》。

对于20世纪公共图书馆的作用可概括为:收藏更多的科学图书;建立更多的研究型图书馆;馆藏增加;开展馆际互借;信息检索;进行用户培训。图书馆的发展导致了对资源的持续性需要,即需要更多的预算去购买图书、更多的工作人员和更大的空间。

第二节 公共图书馆的职能

一、信息保存及传承职能

公共图书馆系统收集人类知识记录,而且要根据技术和社会发展需要建立起跨地区跨系统的资源保障体系,对它们进行收藏、整理、加工等,以便提供服务和进行利用。公共图书馆的文献信息保障功能自古即有,如人类历史上最早的图书馆就是对国家政治、宗教、社会生活中产生的文书进行保存的机构。[①]随后,图书馆保存对象和保存手段都在不断更新:从最初的龟甲兽骨、纸草泥版,到近代的印刷型图书,再到现代的磁盘、光盘、磁带、缩微胶片,等等;从最初的藏书楼藏书到利用信息技术将馆藏数字化、电子化,再到网络信息资源的开放获取。图书馆持续对文献资源进行系统收集、整理、开发、利用,使人类知识得以继承和交流。《公共图书馆宣言》中指出,"各年龄群体的图书馆用户必须能够找到与其需求相关的资料。公共图书馆必须藏有并提供包括各种合适的载体和现代技术以及传统的书刊资料。重要的是馆藏和图书馆服务是否具有高质量,是否确实满足地方需求、适合地方条件。馆藏资料必须反映当前趋势和社会发展过程,以及记载人类活动和想象的历史",图书馆要"加强文化遗产意识",要"支持口述传统文化的保存和传播"。

---

① 符骏.公共图书馆科技创新信息资源保障体系建设研究[J].图书馆学刊,2021,43(2):30.

二、社会教育职能

《公共图书馆宣言》指出"公共图书馆是开展教育、传播文化和提供信息的有力工具。也是在人民的思想中树立和平观念和丰富人民大众的精神生活的重要工具",这表明教育职能,是公共图书馆职能之一。在我国历来的有关图书馆职能的描述中,开发智力资源,进行社会教育,是图书馆的主要职能之一。图书馆的智力开发包括培养社会民众的阅读兴趣,养成并强化儿童早期的阅读习惯;激发儿童和青年的想象力和创造力;启发民众的智力,培养民众进行科学思维和创新的能力。教育功能是图书馆的一个古老功能。

人类历史上早期的图书馆通常都是王宫和寺院的附属品,它和学校一起坐落于王室成员和神职人员的生活区内。特权阶层往往请来有名的学者做他们下一代的教师,同时兼任图书馆的管理员。这些学者利用图书馆的文献进行学术活动,同时把图书馆积累的知识传授给学生。现代图书馆职业也一直把大众教育确定为自己的使命,认为图书馆应该是全体社会成员的教师。在我国,公共图书馆的社会教育职能主要体现为:是弘扬和宣传民族文化、爱国主义思想等精神文明的思想建设基地;是提高国民素质、普及科学文化知识、培养终身学习习惯的扫盲、自学教育、继续教育基地;是加强各类学习技能、信息获取能力等的培训基地;是提供充足的学习空间和学习资料,支持远程教育的学习中心;是支持正规教育、启蒙教育、阅读辅导、自学成长的文化导航和传播中心。也就是说,公共图书馆不仅对接受正规教育的所有年龄段的学生提供学习支持,辅助他们完成正规教育计划,还对社会公众的持续阅读和教育需求进行关注和满足,鼓励自主学习,提供学习空间和相关资料。

三、情报传递职能

图书馆不仅是社会信息的保管机构,还是一个信息交流与传播的机构。图书馆的中介性决定情报传递是其重要职能之一。情报传递是指有针对性地向用户提供他们所需要的情报,以及为实现情报传递而对文献进行深层揭示和分析研究。早在19世纪末,很多现代意义的图书馆就已经开始从事一定程度的情报传递服务,但图书馆职业作为整体直到二战之后才将情报传递明确为本职业的社会使命。情报传递服务通常是提供原始文献或咨询服务,为社会政治经济文化需求以及科研发展等提供资料参考,也可以通过整合信息、自主开发信息等多种信息提供方式,为政府机构、企事业单位提供参考决策,为学者课题研究提供支持,为社会课题研究提供代检服务。

随着计算机技术的迅速发展,图书馆所进行的知识传递越来越多地表现为情报传递而非文献传递,即使考虑到非技术因素(如用户的阅读习惯、文献实体本身的文化价值),也很少有人否认,信息技术的发展,特别是数字图书馆的出现,已经使图书馆的情报传递能力空前提高。公共图书馆不仅可能针对特定问题提供参考资料、具体知识、信息或直接答案,还包括政府信息、商业/企业信息、工作信息、关于社区情况的信息(如社区服务、设施和活动)、与日常工作/学习/生活问题相关的信息,甚至是消费信息。《公共图书馆宣言》也指出:公共图书馆应为地方企业、社团群体提供充足的信息服务。

四、促进阅读职能

保障民众的阅读权利,促进阅读兴趣的培养和提高,是现代图书馆不可推卸的职能之一。秉承现代图书馆理念(即追求理性与知识,尊重知识的平等获取,保障知识的最大利用),图书馆的阅读常被视为具有独立意义的文化活动而加以倡导。在各种不同的图书馆思想观念中,推动阅读是共同的目标,如"促进阅读就是促进社会的文明、理性、秩序,图书馆的神圣职责之一就是要让尽可能多的读者阅读最多最好的书""思想的自由交流是民主社会的基础,促进阅读也就促进了思想的交流。图书馆员的使命是要向最多的读者提供最广泛的阅读选择""图书是有用的东西,促进阅读是最大限度地发挥图书功用性的途径。图书馆员要走街串巷地宣传图书馆的图书"。据研究,阅读年龄可以早到婴儿2个月时,而与仅6个月的婴儿一起阅读,有助于儿童早期的语言和识字能力的发展,也有利于丰富婴儿的情感,并且因为亲子阅读而使父母得以与孩子共度一段美好的时光。现在,"分级阅读"已成为一种世界性的阅读趋势,即根据不同年龄段提供不同的阅读资料。《公共图书馆宣言》在阐述公共图书馆使命时,同样明确指出:养成并强化儿童早期的阅读习惯。

五、休闲娱乐职能

吴慰慈曾指出:"现代图书馆不仅向读者提供舒适的阅读环境,而且还向社会提供文化活动的场所,几乎每一个新建的图书馆都把文化活动设施看成是图书馆建筑的一个重要组成部分,努力把图书馆建成设备先进、设施一流的文化活动场所,可以向公众提供学术会议、大型会、报告会和研讨会、音乐会、电影放映、文艺演出、仪式和庆典、文化旅游、游乐场等服务。"公共图书馆除了能为民众提供丰富的文化资源外,还包括宽敞、整洁、温馨的馆舍,舒适的阅览室、桌椅、台灯等设施。有的甚至还开设咖啡厅、亲子间等供民众放松心情、交流娱乐。国际图联与联合国教科文组织于2002年联合发布的《公共图书馆服务发展指南》指出,公共图书馆应当通过组织活动和利用资源来鼓励各个年龄段的人发展文化艺术才能。图书馆也是个人和团体正式或非正式聚会的重要社会中心,尤其是在无法提供聚会场所的社区显得特别重要。从国外的实践来看,美国波士顿剑桥图书馆通过一系列丰富多彩的活动和项目,成为社区培训中心、社区交流社交中心、社区服务中心、社区艺术展览中心、社区信息中心,成功地实现了该馆致力于成为社区的公共文化空间的目标。

公共图书馆在发展过程中,其主要职能的具体作用形式也在不断地发生变化,如文化职能的发挥,从最早的保存发展到服务与利用;教育职能的发挥,也是从提供阅读场所、资料发展到参考咨询、远程辅导等。当前的新环境更为复杂,表现为数字鸿沟日趋加剧,商业信息服务机构日益挑战公益服务,图书馆的社会形象和公信力下降(如图书馆学教育不如20世纪80年代受欢迎,图书馆偏离职业理念所产生的一系列负面影响等),尤其是近年来我国公共文化服务体系的构建,对新时期的图书馆职业构成一定的冲击。图书馆如何向相关利益者阐述其存在的理由,如何向社会公众展示其社会价值,如何面向职业打造其核心价值观,这些都将需要理论界和实践界同仁的长期共同努力。

第三节 公共图书馆的类型与形态

公共图书馆可以按照不同的逻辑出发点来进行分类,按照纵向的行政区域可以分为国家图书馆(兼具公共图书馆的性质)、省(市)级图书馆、地级图书馆、区县图书馆、街道乡镇图书馆以及社区(村)图书室等;按照服务对象和服务内容可以分为研究型图书馆、大众型图书馆、城市图书馆、农村图书馆、主题图书馆、面向特殊人群的图书馆如少年儿童图书馆以及盲人图书馆等;按照城乡中心图书馆体系,又可以分为中心图书馆总馆和中心图书馆分馆以及基层服务点;按照借助的特殊工具以及文献信息传递的方式、载体和技术,又可以分为汽车图书馆、骆驼图书馆、手机图书馆、数字图书馆、网络图书馆等。下面分述几种主要公共图书馆类型。

一、研究型图书馆

研究型图书馆指为专业读者提供研究性服务的公共图书馆。研究型图书馆以研究型的馆藏文献和专业的图书馆员作为服务的基础。国家图书馆是研究型图书馆的重要类型,省(市)级公共图书馆和主题图书馆也具有研究的功能。其中国家图书馆是一个国家的总书库和版本库,也是一个国家的参考咨询中心、书目中心和图书馆事业的指导中心。

国家图书馆是出版物呈缴本的主要接受机构。世界上有的国家并不将国家图书馆列入公共图书馆的范畴,如苏格兰国家图书馆一般不向公众开放,专业读者需要持有在其他研究型图书馆未能满足查阅的证明才予以接待;中国国家图书馆将服务对象延伸至广大公众包括少年儿童读者,兼具了公共图书馆的服务性质。

省(市)级公共图书馆作为区域或城市的中心图书馆和文献中心,其重要的服务对象为专业读者。如德国的州立公共图书馆系统中,设在柏林的普鲁士文化遗产州立图书馆和设在慕尼黑的巴伐利亚州立图书馆,分别以音乐文献和历史文献为其馆藏特色,为专业读者提供研究性的服务。研究型图书馆还积极为政府决策咨询服务,如中国国家图书馆、上海图书馆每年主动上门为全国"两会"和上海市"两会"服务,推出为政府决策咨询服务的知识专题服务产品,承接国家级的研究课题等。中国国家图书馆设立有图书馆研究院,上海图书馆设立有图书馆学情报学研究所和历史文献研究所,深圳图书馆设立有公共图书馆研究院,苏州图书馆设立有东南文献研究所,这些都体现了公共图书馆的研究特色。

二、大众型图书馆

大众型图书馆指为各类公众提供综合性普通服务的公共图书馆,这是公共图书馆类型中数量最多、最贴近读者的图书馆类型。大众型图书馆以普通文献的采访和大众化的知识信息服务为基础。地县级图书馆、街镇图书馆、社区图书馆和农家书屋等一般归为大众型图书馆。大众型图书馆与研究型图书馆互有交叉,如大众型图书馆可以是独立建制的,也可以在国家图书馆或省(市)级公共图书馆的服务空间中划分普通服务区和研究服务区,以满足大众群体和研究群体的不同需求;而有的地县级大众型图书馆中也会根据读者需求辟出专业性的主题服务区,如地方文献或历史文献阅览室等。

三、少年儿童图书馆

少年儿童图书馆又称儿童图书馆,是为少年儿童提供服务的公共图书馆。一般分为国家级、省市级和区县级以及隶属于一般公共图书馆的少年儿童服务专区,其中少年儿童阅览服务专区应与成人阅览区分开,宜设置单独出入口,或设立室外少年儿童活动场地。如1914年成立的京师通俗图书馆中就辟有儿童阅览室,1917年在天津创办了中国较早的儿童图书馆,湖南省长沙市和广东省深圳市分别有湖南省少年儿童图书馆和深圳市少年儿童图书馆,澳大利亚布里斯班社区图书馆、香港中央图书馆、上海市黄浦区图书馆辟有专门区域作为少年儿童服务专区。

莫斯科有俄罗斯国家少年儿童图书馆并形成了全俄罗斯的儿童图书馆服务网络。中国国家图书馆少儿馆于2010年5月开馆，位于国家图书馆总馆北区东侧，由中文图书区、文献阅览区、展示区、主题活动区与数字共享空间五个区域组成，面积约650平方米，内设阅览座位120余个，提供约2.2万册文献供少年儿童读者阅览，同时还开设了少儿数字图书馆服务。至2009年年底，我国共有独立建制的少年儿童图书馆91家。在少年儿童服务中，可以结合各图书馆的实际，按照少年儿童的年龄再进一步细分为婴幼儿服务区、小学生服务区和中学生服务区。在这些服务区中，还可以结合一些成人的图书馆服务，以鼓励和方便成人与少年儿童一起到图书馆读书学习。尽早培育并强化儿童的阅读习惯是公共图书馆的责任。少年儿童阅读可以通过个人、同伴、小组、群体共读或亲子阅读等多种方式进行。认知神经科学认为，儿童阅读素养提高是一个循序渐进的过程。阅读是指从页面抽取视觉资料和理解篇章意义的过程，阅读过程包括视觉、注意、记忆、正字法规则识别、听觉、语音、语义、提取以及理解等加工过程的参与。如果儿童能掌握其中的关键认知技能，很早就能被激动人心的知识和形象思维作品所振奋的话，那么他们将会在知识获取中促进自己在情感、意志等方面的综合素质的提高，并从这些人生发展的基本要素中终身受益，不仅可以丰富自己的生活，也会增加对社会的贡献。少年儿童阅读习惯的养成，也会鼓励和带动父母和其他成年人使用图书馆。

四、主题图书馆

主题图书馆是通过特定领域(某一领域或数个领域)的专藏和服务来满足人们专类知识和信息需求的图书馆。主题图书馆兼具综合型图书馆和研究型图书馆的性质。主题图书馆的服务方式可以是多样的，如主题文献阅览、主题多媒体知识资源制作与服务、主题文献提供、主题文献展览、主题信息沙龙、主题学术讲座、主题网络咨询、主题学术交流等。

主题图书馆与专门图书馆在概念与实践上同中有异。首先，主题图书馆的对应英文是Special Library，与之相对应的中文可译成专门图书馆或专业图书馆。《中国大百科全书图书馆学、情报学、档案学》卷中有"专门图书馆"的条目,其解释为:"收集和组织专门领域(某一领域或数个领域)的文献,主要为特定读者服务的图书馆。一般按其从属机构的类别分为机关图书馆(包括立法机关和政府机关)、研究机构图书馆、公司企业图书馆、事业单位图书馆、军事单位图书馆、大众传播图书馆、群众团体图书馆、医院图书馆、宗教图书馆等"。主题图书馆的本质特征在于"特定文献的专藏",这些特定文献的专藏可以在国家图书馆内,也可以在其他公共图书馆内;可以在大学图书馆内,也可以在专业图书馆内。主题图书馆的逻辑出发点在专藏,而不在于按机构性质区分的图书馆类型。其次,主题图书馆的服务对象可以是专业的读者,也可以是一般的读者。以家谱图书馆为例,读者既有来自研究院所的研究人员和大学的教授和研究生,也有来自社会各方面的公众,他们的目的是要获取与族谱有关的专类知识和信息。最后,主题图书馆所收集和组织的专藏及其服务是特定领域的,如生命科学、影视、服装等就是某一专业的;而报刊、手稿、家谱则是某一文献类别的;至于非物质文化遗产、儒家经典文献、黑人文化研究等,是围绕某一主题的;还可以是某几个主题合在一起的,如近代市政、工业、舞蹈、音乐、戏剧、电影等。

主题图书馆与专门图书馆相比较,更具有专指性、直观性和灵活性。主题图书馆与特色阅览室也有所不同。主题图书馆的形态,可以是独立建制的图书馆。

五、盲人图书馆

残疾人一般分为盲人、聋哑人、肢残人、智障人和综合性残疾人,盲人图书馆是较为普遍设立的公共图书馆类型,往往在图书馆中设立专门的服务区。以盲人图书馆为例,一般备有盲文出版物、唱片、录音带等有声资料,以及供盲人专用的计算机等。公共图书馆要求设置无障碍设施的专用标识,包括盲道、残疾人电梯、残疾人洗手间等。为方便盲人等残疾读者利用图书馆,许多公共图书馆普遍开展了电话预约送书上门的图书馆借阅服务以及志愿者服务。中国盲文图书馆(中国视障文化资讯服务中心)2011年6月28日在北京建成开馆。总建筑面积2.8万平方米,内设文献典藏区、盲人阅览区、展览展示区、教育培训区、科技研发及文化研究区、全国盲人邮寄借阅服务区等,收集整理了5万多册盲文书和大字本图书,计划藏书25万册和磁带光盘66万张,为1600多万盲人提供平等共享公共文化的服务。全国各地公共图书馆也开展了形式多样的盲人读者服务,如上海图书馆从2002年起与邮局系统合作开展了为盲人读者送书上门服务以及盲人读者听电影的服务。

六、中心图书馆总分馆

　　中心图书馆一般是在城市或城市群中布局,也有在城乡一体化的形态中布局。如香港的中心图书馆就是在高度城市化的地区布点,而浙江嘉兴市的总分馆体系,则在城乡统筹的一体化形态中布点。在城市的公共图书馆服务体系中,世界各国都建立了总分馆制,成为国际大都市图书馆发展的普遍规律。从城市图书馆顶层设计的层面可以分为以下几种类型:一是城市中心图书馆总馆。二是处于市级层面的综合性图书馆。三是处于市级层面的少年儿童图书馆和专业图书馆。四是在国家首都城市中的国家图书馆和市图书馆或在省会城市中的省图书馆和市图书馆等。从城市图书馆中层设计的层面对图书馆进行分析,可以分为区域图书馆、城区分馆、专业和主题分馆等。从城市图书馆的底层对图书馆进行分析,可以分为街镇图书馆分馆并进一步细分为社区图书馆分馆等。

　　中心图书馆的总馆作为一个图书馆服务体系的核心和枢纽,在服务规范、采访编目、网上咨询、人员培训、技术保障、物流配送、合作交流、宣传推广、文化建设等方面承担着主导、引领、倡导和辅导的作用。中心图书馆的总分馆服务体系体现出图书馆管理和服务"在共建中共享,在共享中共建"的整合、集群、协同、互动和发展的理念,体现出图书馆文献资源、设施资源和人力资源效益的最大化和最优化的管理效益。

　　进入21世纪以来,中国大陆普遍开展了中心图书馆建设,各城市和地区普遍建立了中心图书馆的总分馆服务管理体系,在政府主导、多级投入、集中分层管理、资源共享的原则下,建立了普遍均等的公共图书馆服务体系,因地制宜地开展了形式多样的总分馆服务。有的城市和地区逐步建立起统一的机构标识、统一的业务规范、方便就近的通借通还"一卡通"以及便捷的文献分拣传递物流系统,如上海市在2010年年底实现了对市、区县和街镇236家图书馆一卡通的全覆盖,并从2011年6月1日开始积极推进全市的少年儿童图书馆一卡通全覆盖,提升了公共图书馆的整体形象和服务能级。

七、汽车图书馆

汽车图书馆是指公共图书馆通过汽车,将服务向社区和村镇延伸,定期为读者提供巡回流动服务,也称流动图书馆。如中国广东省为解决经济欠发达地区基层公众图书馆服务的问题,于2003年11月在新兴县建立了第一个流动图书馆分馆,至2011年年初,流动图书馆已覆盖了全省东西部和北部的68个市、县(区),初步形成了由省图书馆主办,各市县成员馆共建共享的流动图书馆群。汽车图书馆是世界各国普遍采用的图书馆服务形式,在挪威奥斯陆市,有设施先进的大型汽车图书馆,读者除了可以在车内借阅图书外,还可以在车内欣赏音乐,进行车内外读者间的虚拟互动。香港的汽车图书馆成为公共图书馆体系中的重要组成部分,在74个图书馆中有流动的汽车图书馆10个。

八、手机图书馆

手机图书馆是指公共图书馆以手机为信息载体向读者提供各类图书馆服务,也是电信网、互联网、广电网三网融合呈现出的公共图书馆服务新技术。2004年,上海图书馆较早以手机图书馆的理念推出了相应的公共图书馆系列服务,如手机读者讲座预订、手机书目检索、手机信息咨询、手机借阅图书归还日期提醒、手机无线数字阅读等。中国国家图书馆的"掌上国图"成为手机图书馆服务的典型例子,中国手机用户至2010年年底已达到8亿。伴随着手机上网用户呈几何级的增长,广大读者基于移动互联网的无线阅读的需求将进一步提升,手机图书馆将成为未来公共图书馆的重要服务载体与服务形态。

除了以上各类图书馆外,在非洲大陆还有骆驼图书馆。地处广袤的沙漠地带的肯尼亚东北省,就有为居无定所的沙漠村落中的牧民家庭服务的骆驼图书馆,这种行走在沙漠中的图书馆建立于1996年,有若干头骆驼、牵骆人、图书馆管理员和数千册图书,有借阅制度、固定的停靠点以及每两周的定期巡游。2007年,美国女记者汉密尔顿出版了一本以"骆驼图书馆"为原型创作的小说,还与人合作创办了名为"骆驼图书驱动力"的网站。汉密尔顿认为:"这里的孩子也有远大的梦想,我们不希望这些梦想破灭。但如果不接受教育,他们怎么可能成为医生、教师?我们所能做的最好的事,就是给他们多些、再多些。"

第二章 图书馆文献概述

第一节 文献

一、文献的概念

文献是信息和知识的主要载体和主要来源。人类在社会生产和社会生活的实践活动中产生了知识,用文字、图形、符号、声频、视频等技术手段将人类知识记录在物质载体上,这样就形成了文献。

(一)文献概念的演变

文献的概念是随着历史的发展而变化的。在我国,文献的概念起源于春秋时代,最早见于《论语·八佾》,孔子说:"夏礼吾能言之,杞不足征也;殷礼吾能言之,宋不足征也。文献不足故也,足则吾能征之矣。"这段话的大意是,孔子知道夏代和殷商的制度,但对于杞国和宋国的制度不了解,原因是这两国没有足够的文献可做依据,如果有了足够的文献,就完全可以了解了。

对于文献,宋代的朱熹在《四书章句集注》中注释为:"文,典籍也,献,贤也。"典籍是指有关典章制度的文字资料;而献同"贤",是指阅历丰富、满腹经纶的贤人。这说明古人治史,不仅要依靠文字资料,而且还要请教那些贤人。可见,那时的"文献"一词包含着"典籍"和"贤人"两个方面的含义。

到了宋末元初,"文献"的概念发生了变化。元代马端临在《文献通考·总序》中对"文献"做了比较具体的诠释。他认为:"凡经、史、会要,百家传记藏书,信而有证者,谓之文;凡臣僚之奏疏、诸儒之评论、名流之燕谈、稗官之记录等,一语一言,可以订典故之得失,证史传之是非者,为之献。"可见,这时的"文献"是指文字资料和言论资料。后来,随着历史的发展,"文献"的含义又逐渐演化为专指那些具有历史价值的文章和图书,而"贤"的含义逐渐消失了,其外延比古代有些缩小。

到了现代,随着科学技术的迅速发展,出现了各种各样的知识信息载体,发明了各种各样记录知识信息的方式,涌现了大量不同类型的文献,文献概念的外延也在不断扩大。这时,文献除包括原来意义上的文章和图书外,还泛指一切知识信息载体。现代对文献在概念上的理解有广义和狭义之分。在我国,文献信息界对"文献"一词基本是持广义的理解。

国际标准化组织《文献情报术语国际标准》(ISO/DIS5127)对文献的描述是:"在存贮、检索、利用或传递记录信息的过程中,可作为一个单元处理的,在载体内、载体上或依附载体而存贮有信息或数据的载体。"

《国际标准书目著录(总则)》规定,item是指作为一个单独书目描述的、以任何实体形式出现的一部文献、一组文献或某一文献的一部分。

《英美编目条例(第二版)》也规定,item是指作为一个单独书目描述依据,以任何形式出版、发行或作为一个实体处理的一部文献或一组文献。上述两个定义的一部文献和一组文献,英文词分别使用adocumet和set of documents。据此可以认为,编目学中的文献并非广义的文献,而是指书目文献,即作为一个单独的书目描述依据的,以一个实体出版、发行或作为一个实体处理的一部文献或一组文献。

现在对文献通常理解为:将知识和信息以一定方式记录在特定的载体上的集合体称为"文献"。也就是说,文献是记录、积累、传播和继承知识和信息的最有效手段,是人类社会活动中获取情报的最基本、最主要的来源,也是交流传播信息和知识的最基本手段。正因为如此,人们把文献称为信息工作的物质基础。在国内外,都常常可以看到有人把"文献"与"情报"、"文献学"与"情报学"等同起来,虽然这种等同未必适宜,但却反映了文献在信息活动和科学中的极为重要的地位。

(二)文献的构成要素

随着人类社会的发展和科学技术的进步,社会的文献量越来越多,文献的载体也呈现出多种多样的类型。但无论其内容和形式发生什么变化,其文献构成要素总是共同和一定的。这些要素包括知识信息内容、信息符号、载体材料、记录方式。

1.知识信息内容。文献记录的内容是人类在生产和社会活动中获得的、经过总结和积累的、希望广泛流传和长期保存的知识和信息。这些人类创造和积累的知识财富经过物化到一定的载体上,就成为文献。文献是人类思想和智慧的结晶。人类生产、传递、保存和利用文献,实质上都是针对文献的知识信息内容,其主要目的都是要记录、传播和保存知识信息,若离开了知识信息内容,则文献的生产、传递、保存和利用也就失去了意义。文献的本质是知识信息,没有知识信息就不能成为文献。所以说,知识信息是文献的核心与灵魂,知识信息内容是文献的最基本要素。

2.信息符号。文献中的信息符号是指图画、文字、公式、图表、编码、声像和电磁信息符号等。

(1)信息符号:信息符号是文献信息内容的标识符号和表达手段。信息只有被赋予特定含义的符号表示出来,才能进行信息的存贮和传播。信息符号是不断演化的,经历过结绳、刻木、画像、文字、图形、编码、声频、视频等。其中,文字符号是人类最常用的信息符号,它的产生和发展标志着人类文明的进步和发展。

(2)图画:图画是最早的文献信息符号。在文字出现以前,人类就用图画来表达精神信息,图画的独到之处在于较强的直观性,读画人(信宿)无须接受文字训练就可与作画人(信源)沟通。此外,图画让人们保持注意力和记忆力的作用比文字更大。因此以图代文,让人们在最短时间内有效地获取最大容量的信息,成为今天一切宣传媒介设计所注重的方式。

(3)文字:文字是有声语言信息的书面表达形式,由图画演变而来。图画对于表达抽象思维信息的无能为力可由文字来弥补。文字用一套书写符号来记录、表达语言要素(词、词素、音节、音素等)。但文字的特点在于高度概括性、使用的随意性、音义的双重性,也往往导致出现只可意会、无法言传的模糊语言,导致词不达意、一音多义、一语多音的现象,给信息交流造成误解。这说明人工符号永远只能接近表述信息的原意。

(4)声像:声像信息指留在唱片、录音带上的声频信息和摄录在胶卷、录像带上的视频信号。

(5)电磁信息符号:电磁信息符号是指计算机可读磁盘或光盘上的信息符号,由二进制的0和1构成,这些信息符号不是我们感官直接提取的,必须通过计算机解读。

在现代社会中,人类除了继续使用文字符号外,还同时利用声频、视频、编码等多种信息符号。声频和视频所反映的信息形象直观,最易于为人们直接识别和理解;编码符号通常是一些经过人工编排处理和加工转换的字符,文献的信息内容被转换成编码后,人与计算机都能识别处理,使得信息内容的存贮加工、检索和传递的速度大大加快。

3.记录方式。文献的记录方式就是将知识和信息通过特定的人工记录方式物化到人工附载物上,或者是把知识和信息从一种载体上物化到另一种载体上。

文献的记录方式反映了不同时代科技发展的水平。文献的记录方式经历了刻画、手写、印刷、打字、拍摄、录制、复印和计算机输入等。在印刷术未发明以前,手写是记录文献的主要方式。在印刷术发明以后,手写还依然存在,但印刷占主导地位。随着新型载体材料的不断出现,拍摄、录制、计算机输入等方式的出现,反映了文献记录方式的现代化。

(1)知识的记录方式:①人脑。知识信息记录的第一种方式,也是最原始的方式,就是记忆在人的大脑之中,通过人们互相之间的交往、言传身教,使知识得到传播;②实物。知识信息记录的第二种方式,就是物化于实物之中,即依附于器皿、文物、样品、样机等实物上,人们必须通过对实物进行分析研究,才能认识和吸收其中的知识信息;③文献。知识信息记录的第三种方式,也是最主要的方式,就是文献记录。文献就是用一定的符号,通过一定的方式将知识信息记录在一定的材料上,如甲骨、简策、纸张、胶片、磁带、磁盘、光盘等。通常,只有将知识信息记录在这些载体材料上,才能称之为"文献"。而记录知识信息的人脑和各种实物,一般则不能称为文献。

(2)文献的记录方式:①按记录的形式。可分为刀刻、手写、打字、摄制、印刷、机录和光感等。其中最常见的是印刷;②按记录的载体。可分文字型、声频型、视频型和代码型等;③按记录的方法。可分手工记录、机械记录、光记录、电记录、声记录和磁记录;④现在流行的记录形式。有热敏记录、激光记录、喷墨记录、热转印记录等方式。热敏记录以热敏纸作为载体,靠热敏头发热,使热敏纸变色。其他方式均采用普通纸作为载体,激光记录是靠激光束照射硒鼓将墨粉附着在复印纸上;喷墨记录使用液体墨水通过喷墨头记录在复印纸上;而热转印记录则是通过热敏头加热色带将字印在复印纸上。

随着科技的发展,文字记录可以转变为数字记录,并用电子方法存贮到磁介质上去。光学字符识别(Optical Character Recognition,简称OCR)就代表了这种崭新的技术,通过光学方法对字符、标记表示的书面数据进行自动识别,转换成机器可以处理的信息,这样就实现了纸质文献信息向电子信息的转换,而且可以通过不同接口装置向不同设备输入数据,这些设备进而与通信网络相连,实现远距离数据传送。

4.载体材料。载体材料是记录知识和信息符号的物质材料,也是信息和知识内容传播的媒介。知识信息内容固然重要,但如果离开载体材料,知识信息内容也就无从传播交流。

作为载体材料应该具有适合知识和信息存储、传播和保存的特性:①载体材料要能够长期保存,具有性能的稳定性,同时文献信息的传播不受时间和空间的限制;②载体材料要有较高的信息存储量;③载体材料要获取方便,价格低廉,适合大众的利用。随着科学技术的不断进步,文献的载体材料正在向着体积更小、信息容量更大、更便于保存和传递的方向发展。但是,新的载体材料并不能马上替代原来的载体材料,各种载体材料还要并存并用,相互补充。

文献的构成要素表明,文献是一定知识信息和一定物质形式的统一体,是一种特殊的社会产品。信息内容是文献的内在本质,载体材料和载体形态是文献的外在形式,而信息的生产方式则是信息内容与载体材料、载体形态相互结合的中介。可见,载体材料和载体形态相辅相成,缺一不可。

(三)文献的功能

文献信息在科学和社会发展中起着极为重要的作用,文献的功能是多方面的,但认识功能、存贮功能和传递功能是文献的基本功能。

1.认识功能。在文献产生之前,人类认识世界完全靠眼、耳、鼻、舌等自身器官,因这些器官都有很大的局限,影响了对客观世界更全面、更直接地认识。文献产生以后,人类就多了一种认识世界的工具。文献将人类的思想、经验、实践等结果记录下来,人类通过阅读这些文献,就可以认识过去的世界,了解现在的世界,预测未来的世界。这样,文献就与人类所发明的指南针、望远镜、显微镜、声呐等各种工具一样,延长了人类的各种认识器官,极大地提高了人类认识世界的能力。

2.存贮功能。人类在改造自然和改造社会的实践中所获得的知识和成果,大多数都要通过文献存贮下来。所以说,文献是人类知识的宝库,汇集着人类世代的知识结晶,累积着无数的事实、数据、假说、构想、理论、定义、方法等,记载着无数的经验教训,反映着科学文化的时代水平,是人类文明发展史的见证。试想,如果没有文献,人类的知识就不能集中、延续和继承,人类社会的发展将难以想象。因此,存贮功能是文献的基本功能之一。

3.传递功能。文献是作为知识信息的传递工具出现并存在于社会上的,其传递功能表现在纵向和横向两个方面。从纵向看,文献的流传为人类知识的继承提供了条件,人们通过阅读文献就可了解文献所保存的前人的知识,不去重复前人已经做过的事情,缩短实现奋斗目标的路程。从横向看,文献打破了地域的界限,带来了人类知识的传播和融合,成为联系世界和沟通全人类思想的纽带。

文献的认识功能、存贮功能、传递功能也是相辅相成的。存贮功能是基础,传递功能是中介,认识功能是目的。这是因为如果没有知识的存贮,就没有知识的传递;而知识不进行传递,也就无法利用,人类也就无法从中认识世界。

21世纪的世界之争是科学技术之争,胜负的关键在于谁最先掌握先进的科学技术。要想取得竞争的主动权,稳操科技之争的胜券,就必须最多、最快、最准确地了解和掌握信息,特别是文献信息。文献信息作为连接现实与未来的桥梁,在社会发展中发挥着越来越重要的作用。

二、文献的类型

当前,世界范围内存在的文献是多种多样的,文献按不同的标准可以划分为多种类别。

(一)按文献的加工深度划分

1.零次文献。零次文献是指未经刊载或未经公开交流的最原始的文献,如私人笔记、试验记录、设计草图、论文草稿、书信等,是零次文献的素材。

2.一次文献。一次文献是文献的基本类型,是人们对已创造的知识进行第一次加工(固化)而成的文字记载,是文献情报源的主要组成部分,也称"原始文献"。一次文献通常是由作者本人直接记载其科学研究成果和生产实践经验的产物,并在社会上公开交流或发表的文献。凡是对所创造的知识进行文字表述的文章,包括论文、科技报告、会议论文、学位论文、专利等。无论文献存储于何种载体,也无论在撰写过程中是否参考或引用他人的资料,只要是原始资料均为一次文献。一次文献是最主要的文献情报源,是产生二次、三次文献的基础。

3.二次文献。二次文献也称"检索工具",是指对数量庞大、发表分散的一次文献进行加工、整理后,按一定系统结构组织形成的各种检索工具,包括目录、题录、文摘等。二次文献不对一次文献提供评论,仅仅提供一次文献的检索线索。也就是说,二次文献是对一次文献进行加工整理后的产物,即对无序的一次文献的外部特征(如题名、作者、出处等)进行著录,或将其内容压缩成简介、提要或文摘,并按照一定的学科或专业加以有序化而形成的文献形式。二次文献能比较全面、系统地反映某个学科、专业或专题在一定时空范围内的文献线索,是积累、报道和检索文献资料的有效手段,供人们迅速、准确地查询、检索一次文献的工具。

4.三次文献。在一次文献的和二次文献的基础上,通过分析、综合、提炼、重组而形成的再生文献,如主体书评、总数研究、总数报告、百科全书、文献指南、数据手册等。源于一次和二次文献,又高于一次和二次文献,是情报研究的产物和成果,是人们掌握情报源的主要资料。

(二)按文献的载体形式划分

1.手写型。手写型文献是指在没有发明印刷术的古代和当今没有付印的、用手写的文献,是以手写或刻写为记录手段,将知识内容记录在纸张、简帛、甲骨等载体上。手写文献具有很多局限性,但是其中也有许多具有史料价值的重要文献。

2.印刷型。印刷型是文献的最基本方式,是以纸张为存贮介质,以印刷为记录手段的文献形式,是最常见的传统文献形式。优点是便于携带和阅读,缺点是体积大、长期保管困难。

3.缩微型。缩微型是以感光材料为载体,利用摄影等光学记录技术将印刷型文献缩小许多倍的文献形式,包括缩微胶片、缩微胶卷和缩微卡片等。优点是信息密度高、体积小、易保管、价格便宜等,缺点是保存条件高、阅读不方便。

4.声像型。声像型是运用录音、录像和摄影技术直接记录声音与图像的文献形式,包括唱片、录音带、录像带等。优点是图文声并茂。

5.机读型。机读型是一种最新形式的载体。主要通过编码和程序设计,把文献变成符号和机器语言,输入计算机或存储在磁带或磁盘上,阅读时再由计算机输出,转换成文字或图像。能存储大量情报,可按任何形式组织这些情报,并能以极快的速度从中提取出所需的情报。近年来出现的电子图书即属于这种类型。优点是可预处理、存取速度快,不利因素是需要借助计算机设备,不灵活。

6.网络数字化型。网络数字化型可分为光盘型、联机网络型。光盘型文献是采用数字化存储方式,用激光来记录和在线信息的高密度存储介质制成,可同时存储声音、图像和文字等。优点是存储量大、体积小、重量轻且携带方便。联机网络型是指以电子方式或机读方式生产和发行的、并通过电子计算机输出设备和电信网址在视频终端上显示出来的文献。

(三)按文献的出版形式划分

按文献的出版形式划分,是我国图书情报界划分的主要标准。按文献的出版形式划分文献的类型有图书、期刊、报纸、档案、标准、图谱、研究报告、会议文献、学位论文、专利文献、政府出版物等。

1.图书。图书是指论述或介绍某一学科或领域知识的出版物。图书大多是对已发表的科学技术成果、生产技术知识和经验经过著者的选择、鉴别、核对、组织而成的,论述比较系统,全面可靠,查阅方便。图书是系统掌握各学科知识的基本文献。但图书的出版周期较长,知识的新颖性不够。

图书可以分为供读者阅读的图书和供读者查阅的工具书两大类,前者包括专著、丛书、教科书等;后者包括词典、手册、百科全书、年鉴等各种阅读型图书和参考工具书。

2.期刊。期刊又称"杂志",一般是指具有固定刊名、定期或不定期出版、刊登多个著者最新作品的连续性出版物。特点是出版周期短,报道文献速度快,内容新颖,发行及影响面广,能及时反映科学技术中新成果、新水平、新动向。期刊发表的论文大多数是原始文献,许多新的成果、观点、方法往往首先在期刊上刊登,期刊论文是文献的主要类型。

期刊按内容性质可分为学术性期刊、通报性期刊、技术性期刊、科普性期刊、动态性期刊、综述与述评性期刊和检索性期刊等类型。其中,学术性期刊、技术性期刊和综述与述评性期刊对科研生产的直接参考价值较大,而通报性期刊、动态性期刊和检索性期刊则出版周期较短,对掌握发展概况和查找信息有较大作用。

3.报纸。报纸是指有固定名称、刊期、开版,以新闻报道为主要内容的散页连续出版物。报纸也发表科普文献和学术论文。出版周期更短,传递信息更快,报道科技上的新成果、新发明更及时。所以,专业性的报纸也是科技人员不可缺少的信息资源。

第二章 图书馆文献概述

4.会议文献。会议文献是指国际学术会议和国内各种重要学术会议上发表的论文和报告。此类文献一般都要经过学术机构严格挑选,代表某学科领域的最新成就,反映该学科领域的最新水平和发展趋势。所以,会议文献是了解国际及各国的科技水平、动态及发展趋势的重要情报来源。

会议文献的类型很多,归纳起来可分为国际会议、全国会议、地区性会议三种。会议文献大致可分为会前文献和会后文献两类,会前文献主要指论文预印本和论文摘要;会后文献主要指会议结束后出版的论文汇编,即会议记录。据统计,目前世界上每年有上万次学术会议,发表学术论文数十万篇。会议论文大都有新思想、新观点,是科学工作者所重视的情报资料。

5.专利文献。专利文献是专利审批过程中的官方文件及相关出版物的总称,分为发明专利和实用新型专利两种。专利文献包括专利说明书、专利公报、专利分类表、分类表索引等。专利文献具有技术内容广泛、反映新技术快、内容翔实、标准化高等特点。因此,专利文献已成了情报的一个重要来源。

6.学位论文。学位论文是高等学校、科研机构的研究生为获得学位,在进行科学研究后撰写的学术论文。学位论文一般要有全面的文献调查,比较详细地总结前人的工作和当前的研究水平,做出选题论证和系统的实验研究及理论分析,提出自己的观点。学位论文探讨的问题往往比较专一,带有创造性的研究成果,是一种重要的文献来源。

7.标准文献。标准文献是一种规范性的技术文件,是在生产或科学研究活动中对产品、工程或其他技术项目的质量品种、检验方法及技术要求所做的统一规定,供人们遵守和使用。

标准文献按使用范围可分为国际标准、区域性标准、国家标准、专业标准和企业标准等五大类型。每一种标准都有统一的代号和编号,独自构成一个体系。标准文献是科研和生产技术活动中经常利用的一种情报信息源。

8.档案文献。档案文献是指具体工程、项目、产品和商品以及科研单位、学校、企业等机构在科学研究、技术开发、生产活动过程中形成的文件、图纸、图片、方案、原始记录等资料。包括任务书、协议书、技术指标、审批文件以及研究计划、方案、大纲和技术措施,还包括相关的调查材料(原始记录、分析报告等）、设计计算、试验项目、方案、记录、数据和报告等,同时包括设计图纸、工艺和其他相关材料。档案是企业生产建设和开发研究工作中用于积累经验、吸取教训和提高质量的重要文献。

档案大多由各系统、各单位分散收藏,一般具有保密和内部使用的特点。是各种社会活动的实录,是真实可靠的历史信息情报,具有很高的参考价值。

9.政府出版物。政府出版物是各国政府部门及其所属的专门机构发表、出版的文件,其内容广泛,包括基础科学、应用科学及政治、经济等社会科学。就文献的性质来看,可分为行政性文件(如政府法令、法规、方针政策、调查统计资料等)和科技文献(科技报告、科普资料、技术政策等)两大类。通过这类文献,可了解一个国家的科学技术、经济政策、法令、规章制度等。这类资料具有极高的权威性,对企业的活动具有重要的指导性。

10.产品样本。产品样本是国内外生产厂商或经销商为推销产品而印发的企业出版物,用来介绍产品的品种、特点、性能、结构、原理、用途和维修方法、价格等。查阅、分析产品样本,有助于了解产品的水平、现状和发展动向,获得有关设计、制造、使用中所需的数据和方法,对于产品的选购、设计、制造、使用等有着较大的参考价值。

由于产品样本具备产品说明,在技术上比较成熟,数据比较可靠,对产品的具体结构、使用方法、操作规程、产品规格都有较具体的说明,并常常附有外观照片和结构图。专利产品还注有专利号(根据专利号可查找专利说明书),对于新产品的设计、试制都有较大的实际参考价值。

第二节 文献资源

一、文献资源的含义和作用

(一)文献资源的含义

资源,一般指天然资源。文献资源是相对于天然资源的一种社会智力资源,是物化了的知识财富,是人们迄今为止收集、积累、贮存下来的文献资料的总和。文献资源作为一种宝贵的智力资源和信息资源,同水资源、矿产资源等自然资源一样,是人类文明发展必不可少的条件。一个国家文献资源的贫富及其存取水平,是衡量该国文明水准和经济、文化、科学技术等综合国力的重要标志。文献资源的开发、利用直接影响到社会的发展与进步。由于历史、经济、文化等诸方面的影响,不同国度的文献资源贫富不均,同一个国家不同地区的文献资源亦多寡不一。一般情况下,发达国家和地区的文献资源比较丰富,经济、文化和科学技术比较落后的国家和地区,其文献资源就相对贫乏。

文献资源是人类社会发展的产物。人类在改造自然界和社会的实践活动中,获得了来自客观世界的各种信息,这些信息经过人脑的提炼和加工,逐渐转化为知识。知识对人类社会的发展有着不可估量的作用。这是因为知识一旦形成,并与劳动者结合起来,就可把潜在的生产力转化为直接和现实的生产力,创造日益丰富的社会物质财富,从而推动人类社会的进步和发展,知识就成为人类社会发展的驱动力。资源,主要是指生产资料和生活资料的自然来源,人类通过不断发现、开发和利用自然资源,不断创造物质财富,为人类提供衣、食、住、行,使人类得以繁衍、生息,使社会不断发展。从知识也能为人类创造物质财富,并能成为人类社会发展驱动力来讲,知识也是一种资源,是一种智力资源,但知识必须依赖一定的物质载体才能存在。

在人类社会早期，人类是通过大脑来存贮和传播知识的，由于各种生理因素的制约，就使知识难以在广阔的空间和持续的时间内积累和传播。随着社会生产力的发展，人类打破了自身的束缚，将知识转化为一些有规律的信息符号并在人体以外找到了新的物质载体，这种新的物质载体就是文献。显然，文献当中就蕴藏着人类创造的智力资源。在人类社会的历史长河中，随着文献数量的不断增加和文献负载知识功能的不断加强，其积累、存贮了人类的大量知识，最终成为人类知识的"宝藏"。同时，人类在改造自然界和社会的过程中，通过不断开发和利用人类的知识"宝藏"，借鉴前人的经验和同代人的成果，不断创造物质财富，又促进了社会的进步和发展。由此可见，文献已经成为人类社会发展的一种不可缺少的资源。文献不断积累、存贮的过程，也就是文献资源不断积累、存贮的过程。文献积累的数量越多，延续的时间越长，文献资源也就越丰富。从这个意义上说，文献资源是迄今为止积累、存贮下来的文献集合。

(二)文献资源的作用

人类对文献资源重要作用的认识是随着社会的发展而不断深化的。在生产力低下、科学技术落后的古代社会，人类不可能从"资源"的角度去认识文献。因此，对文献资源的作用也就无从认识。即使到了现代，人类也更多地将文献划归为意识形态的范畴，对文献资源作用的认识也只是处于朦胧阶段。只有当科学技术成为第一生产力和信息时代到来的今天，人们才深刻认识到文献资源的重要作用。

1.文献资源是科学决策的重要依据。人类为创造更多的社会物质财富，就需要制定各种相应的战略措施和政策。在决策之前，就需要利用经过加工、分析、评价了的文献资源中的有用信息，从中汲取正确的东西，扬弃不正确的东西，为科学决策提供依据。

2.文献资源向人们展示科学技术的最新成果。当今社会，人类的科学技术成果层出不穷。通过文献资源可以向人们充分展示这些科学技术成果，帮助人们了解当代世界科学技术的发展动向，借鉴别人的研究成果和经验，避免重复劳动,使科学研究和现代技术获得更快的发展,以更好地发挥科学技术对社会和经济的推动作用。

3.文献资源向人们提供足够的精神食粮。在丰富的文献资源中蕴藏着足够的精神食粮,人们可通过文献资源中的知识和优秀文化的精华陶冶情操、提高文化素质和道德水平、促进社会的精神文明建设。一个国家精神文明建设的程度如何,直接反映着一个国家的社会发展水平,同时,精神文明建设搞好了,能直接促进社会的物质文明建设。我国还是一个物质文明不十分发达的国家,就更需要去充分利用文献资源中提供的精神食粮,在搞好精神文明建设的基础上,去促进物质文明的建设。由此可见,在现代社会中,文献资源对社会的发展起着不可估量的作用。为此,许多发达国家已把文献资源同能源、材料并列,成为社会经济和科学技术发展的"三大支柱",只有充分认识文献资源的重要作用,才能更好地理解文献资源建设的现实意义。

二、文献资源的特点

文献资源与自然资源相比,有其明显的特点。

(一)再生性

文献资源不像自然资源(如煤、石油等)那样随着开发和利用的深入而逐渐枯竭,而是具有再生性,可以多次反复地使用。这是因为,随着人类对文献资源开发利用程度的提高,反过来会更加促进知识的增值,带来文献数量的增加和文献质量的提高,从而进一步丰富文献资源。人类社会越向前发展,文献资源便会越丰富,可以说文献资源是取之不尽、用之不竭的再生性宝贵资源。将来人们关心的不是文献资源枯竭的问题,而是要去解决因文献资源剧增而带来的文献资源冗杂等一系列问题。

(二)积累性

文献资源的多寡不是先天固有的,而是经过后天不断积累的结果。今天,丰富的文献资源离不开历史上各个时期保存下来的各类文献资源,是古代私人藏书家、官方藏书楼及近现代图书馆、各类文献收藏机构保存下来的人类文明的集合。

(三)可建性

自然资源是天然的、先于人类的客观存在,而文献资源是人类创造的一种知识智力资源,它的生产和分布是一种客观现象,但更受制于人类的主观努力,明显受到社会政治、经济、文化诸因素的制约。因此,人们可以通过文献资源建设,采取选择、组织、布局等手段,改造和优化冗杂的文献资源,使文献资源处于有序的分布状态,以有利于人们有目的地去充分开发利用文献资源。

(四)冗余性

文献资源并非各单位文献简单地相加,相反,庞杂、雷同的文献堆积不仅不会增加文献信息内容的知识含量,更不会成为体系完备、功能良好的文献资源系统。文献资源建设的具体任务之一就是要把那些重复、交叉,甚至过时无用的文献——冗余文献进行剔除,否则就有可能造成文献信息通道的阻塞,给用户带来困难。

(五)共享性

自然资源多是一次效用、不再复用的资源,而文献资源则是可以同时使用,不分先后、异地和反复使用的资源。而且还可以根据需要,在条件允许的情况下,随时对它进行复制、转录、缩微,但不会改变原来的内容。文献资源的共享性是由文献的社会占有性决定的,文献一旦产生并公布于世,社会公众就有了平等利用的机会。文献以各种方式出版发行的目的,从根本上说,是为了让更多的人去利用它。文献资源的共享性不但为人类在更大范围内进行信息交流创造了条件,更向人们表明文献资源应该属于全人类,人人有权共享全世界的文献资源。随着人们观念的转变和其他条件的成熟,人们的这种美好愿望将会逐步变为现实。文献资源的共享性给我们开展文献资源的共建、共享工作提供了理论依据。

(六)效益性

文献资源的效益性特点表现在时间性和潜在性两个方面。

1. 时间性。自然资源只有被开发,才能产生效益,但对它的开发一般不受时间早晚的限制。如对地下矿藏的开发,早开发或晚开发都不会影响其本身效益的发挥。但文献资源则不同,有些文献资源由于其所含信息和知识具有较强或很强的时间性,若不及时开发利用,就会降低或丧失开发效益。而与此相反,有些文献资源的开发效益具有潜在性,其开发效益未必马上就能显示出来,但若干年后可能就有很高的使用价值,那时将它开发利用就会产生很大的效益,文献资源的效益性特点的时间性和潜在性,给图书情报机构的馆藏文献资源剔除等工作增加了难度。同时,也要求文献采选人员在采选文献时,既要收集时效性强的文献,又要采选具有潜在效益的文献。

2. 价值潜在性。文献资源的价值实质是文献载体所含知识内容的价值。在被开发利用之前,这种价值潜在于载体之中,不为人们所见;开发利用之后,这种价值间接体现于某种产品、成果、思想、观念或行为之中,具有隐现性。知识含量越多,产品价值越高,文献资源被开发利用得越好,物质成果和精神成果就越丰富。随着知识经济时代的到来,文献资源的价值是随着文献资源的开发而发生变化的,文献资源的价值必将被越来越多的人所认识。现在许多发达国家和地区已把文献资源同能源、材料并列看作社会经济和科学发展的"三大支柱"。随着以知识为依托的知识经济时代的到来,文献资源的作用将更为突出。

第三节 图书文献

一、图书文献的基本知识

图书又称"书籍",图书是通过一定的方法与手段将知识和信息内容以一定的形式和符号(文字、图画、电子文件等),按照一定的体例系统地记录于一定形态的材料之上,用于表达思想、积累经验、保存知识与传播知识的文献。图书是文献中最古老的,在今天仍然有着重要作用的一种出版物。它是人类社会发展到一定阶段的产物,是一种特定的不断发展着的知识传播工具。

联合国教科文组织对图书的定义是:凡由出版社(商)出版的,不包括封面和封底在内49页以上的,非定期出版物的印刷品,具有特定的书名和著者名,编有国际标准书号,有定价并取得版权保护的出版物,称为"图书"。

在我国古代,人们曾对图书下过不同的定义。从图书的内容方面出发的就有:"百氏六家,总曰书也。"(《尚书·序疏》)从图书形式上出发的则认为:"著于竹帛谓之书。"(《说文解字·序》)显然,这些定义是时代的产物,是就当时的实际情况而言的,不可能对以后的发展做全面的概括。但上述定义已经正确地揭示了当时书籍的内容和形式特征,并且把"书"看作是一种特指概念,把它与原始的文字记录区别开来。经过了长达数千年演变,作为图书内容的知识范围扩大了,记述和表达的方法增多了,使用的物质载体和生产制作的方法发生了多次变化,因而也就产生了图书的各种类型、著作方式、载体、书籍制度以及各种生产方式,所有这些便促使人们对图书有了较系统而明确的概念。

图书载体也因时代和地域不同呈多种形式,古埃及用纸草、古巴比伦用泥板、古印度用棕榈科树叶、欧洲中世纪用羊皮,我国曾先后用甲骨、青铜器、石头、竹木、缣帛等。汉代发明造纸术后,纸逐渐成为全世界各地人民最理想的文字载体。印刷术的发明使图书在质和量两方面都产生一个飞跃,使知识的积累和传播规模更大、范围更广。20世纪以后,科学技术的发展为图书的进步提供了更为广阔的前景,出现了非纸质、非印刷型图书,如缩微胶卷、磁盘、全息微缩胶片及激光光盘等,具有占据空间小、存贮密度高、传播速度快、便于检索、利于保存等优点。非纸质、非印刷型图书与纸质印刷型图书互相取长补短,共同发挥保存人类文化遗产、交流传递知识信息、进行社会教育等作用。

直到今天,图书仍有广义和狭义之分。在实际生活中,我们常常会遇到这样一些有趣的现象:对于"图书馆"和"图书情报工作"等概念来说,"图书"是广义的,泛指各种类型的读物,既包括甲骨文、金石拓片、手抄卷轴,又包括当代出版的书刊、报纸,甚至包括声像资料、缩微胶片(卷)及机读目录等新技术产品。而在图书馆和情报所的实际工作中,人们既要把图书同期刊、报纸、科技报告、技术标准、视听资料、缩微制品等相提并论,又有所区别。在前者与后者有所区别的时候,图书所包括的范围就大大缩小了,这是狭义的"图书"。

二、图书的特征

(一)保存和传播知识的特征

图书是最好的保存和传播知识的文献资源。图书作为一种重要的文献信息源,其特点首先体现在保存和传播知识方面。通过它可以了解别人关于某个专门问题的研究或对实践经验的系统论述。图书的成书过程较长,从写作到出版,要通过核对、鉴别、筛选、提炼、校对等多道工序,因此图书的知识内容较其他形式的文献更成熟、更稳定、更可靠。如果要对某些问题获得较全面、系统的了解,或对不熟悉的领域有初步、基本的了解,阅读有关图书是个较好的办法。[1]

(二)图书的内容特征

普通图书是一种主要的印刷型文献。在悠久的发展历史中,图书形成了其他印刷型文献不可比拟的显著特征。图书是经过编著者对所论述的主题文

---

[1] 赵丽娜.图书馆学:对知识信息的整理和保存[J].考试与招生,2022(11):3.

献进行选择、鉴别、核对、融会贯通后写成的,其知识内容大都比较成熟、系统。每种图书都至少有一个主题,对某一学科或主题论述得比较系统、全面,是著者对自己的社会交往、生产实践和科学实验等经验的概括,以及对前人某个方面知识的综合论述。正文部分少则几万字,多则几十万字,甚至几百万字。从知识内容而言,图书涉及自然和社会的各个领域,既有专门论述某一学科或主题的专著,又有系统论述某一学科或主题的汇编;既有以普及科学知识为目的的通俗读物,又有供教学使用的教科书及教学参考资料,还有专供检查、参考用的各种工具书(如字典、辞典、手册、年鉴、百科全书等)。普通图书知识内容的全面性、系统性、集中性和成熟程度,决定了其历来为各类型读者所重视。从出版形式而言,图书大都有论章述节,成卷成册,一般具有封面、书名页、目次页、版权页,并且版式规范、书型适宜、装帧完美、便于保存和利用,因而成为图书馆所藏文献的主要基础,是文献信息来源中不可缺少的重要资源。图书所记录的知识虽然要比期刊、论文等文献晚几年,但它所反映的知识内容是以往知识的概括和总结。要获得比较全面、深入、系统的知识,图书无疑是最重要的文献资源。与其他出版物相比,图书有两个显著的特点:①内容比较系统、全面、成熟、可靠;②出版周期较长,传递信息速度较慢。

(三)图书的著作方式

著作方式表示著作的形成过程和对著作负有何种责任。由于现代科学文化不断发展,知识产品的著作形式,包括创作、加工、整理的方式也显得复杂多样。目前大体可以有如下区分。

1. 著。用于创作性文字,即根据自己的见解撰写的著作,包括原题"写""创作""述""编剧"等。

2. 编著。用于除具有自己撰写的文字外还包括整理他人著作的材料,包括原题"编写""编著""编纂"等。

3. 辑、编、编辑。用于将零散资料或单篇著作汇编成书。仅编排次序而不涉及整理内容,称"辑";对内容加以编整,称"编"或"编辑",包括"整理""编定""编订""选辑""编辑"等。

4. 主编。用于著作编辑工作的主持人。

5. 改写、改编。用于根据某个著作,将其体裁或内容改写。

6. 缩写。用于根据某个著作,加以简缩,而不失原著面目。

7. 执笔。用于集体创作中负责整理的个人。

8. 报告。用于各级党政领导的工作报告,或科研、生产人员的学术报告以及其他形式的报告。

9. 讲(口述)、记。用于主讲或口述人,经记录人整理,而尚未涉及内容编整。

10. 搜集、整理。用于民间传说、故事、歌谣、民歌的搜集、整理。

11. 节录。用于摄取一著作的纲要,而缩短篇幅。

12. 译。用于由一种文字翻译成另一种文字,由古汉语译成现代汉语。

13. 节译。用于部分节编译出。

14. 编译。用于包含编和译两种著作方式的作品,包括"译述"等。

15. 编解。用于教科书习题编辑解答。

16. 注。用于对内容或文字的注解,包括原题"注解""注释""笺释""释"。

17. 校。用于校雠考订的图书的文字。

18. 句读、标点。用于古籍整理断句、标点。

19. 补编、续编。用于继续前人著作,加以续补。

20. 制定、提出。用于凡经政府机关公布施行的"法令""规章",或机关团体公布施行的"规程""条例"等。

21. 作。用于美术及工艺美术作品等。

22. 作曲、作词。用于音乐、曲谱创作。

23. 绘。用于以图画为主的著作。

24. 书。用于书法、法帖。

25. 摄。用于摄影作品。

26. 篆刻、治印。用于印章等。

27. 移植。用于戏曲等。

三、图书文献的类型

(一)古籍图书文献的类型

1.古籍文献的载体类型(古代早期的文字载体)。古代早期的以甲骨、青铜器以及石刻等载体记载的文献还不能算是真正的古籍图书,但由于这些文献载体及其内容与以后的竹帛纸张的载体及其内容有许多内在的联系,因此了解这些文献的载体还是很有必要的。

(1)陶器:龙山文化(公元前25~公元前20世纪)和良渚文化(公元前33~公元前22世纪)的陶器上已经发现有刻画简单的文字,是我国发现的最早的文字,称为"陶文"。这一时期的陶文尚未被辨认出来,很可能是一种消逝了的文字。但从中可以证明,陶器是已知最早的人工制作的文字载体。

(2)甲骨:甲是指龟甲,骨是指兽骨,主要是牛的肩胛骨,写刻在甲骨上的文字被后人称为"甲骨文"。因这些文字是商王朝用龟甲、兽骨占卜凶吉时写刻的卜辞和与占人有关的记事文字,故又被称作"契文""卜辞";又因甲骨最初出土于河南安阳小屯村的殷墟,故又被称作"殷墟甲骨"或"殷墟文字"。甲骨上记载的内容并不是为了传播知识,因此不能称之为正规的书籍,但它是历史上一种重要的文字载体。

(3)青铜器:中国的青铜时代从公元前21世纪开始,直到公元前5世纪止,经历了1500多年的历史,大体相当于夏、商、周以及春秋时期,大约在商代晚期的第二期青铜器上才出现铭文。较早的铭文只有几个字,商代末年开始有较长的铭文,最长的有三四十个字,西周的青铜器铭文增多,有近500字的长文,多为与祀典、锡命、征伐、契约有关的记录。青铜器的铭文记载了我国许多古代文献,因此后人称之为"青铜器的书"。中国社会科学院考古研究所于1984年编纂出版的《殷周金文集成》(中华书局),就收录了国内外收藏的铭文拓片及图像1万多件。

(4)石片和玉片:1965—1966年,在山西省侯马市晋国遗址出土了一大批春秋晚期写有文字的玉片和石片。这批玉石文书的内容是反映韩、赵、魏三国分晋前夕,晋国世卿赵鞅为战胜敌对势力、巩固内部团结,卿大夫间举行盟誓时订立的盟约,故称为"侯马盟书"。盟书一式两份,一份藏于盟府,一份埋于地下或沉在河底,以取信于鬼神。侯马盟书是用毛笔书写的,多数为朱红色,少数为黑色。侯马盟书的发现,表明春秋晚期的人们已经有意识整制玉石成片,使之适于书写,作为文字的载体。

(5)石雕:除陶器、甲骨、青铜器之外,古人还在石头上刻字,谓之石雕。《墨子》书中有"镂于金石"之说。战国时代,在石头上刻字已经流行。现存最早的石雕是陕西出土的石鼓,是战国时代秦国的石刻,为花岗石质,圆顶平底,高约90厘米,直径约60厘米,共10件,原文700余字,现存272字。历史上最著名的石经是汉灵帝熹平四年至光和六年(175—183年)雕刻的《熹平石经》,由蔡邕等人用隶书书写上石,共刻成46碑立于洛阳太学。内容为《易》《书》《诗》《仪礼》《春秋》《公羊》《论语》七种儒家经典。石碑高一丈,宽四尺。《熹平石经》之后,历代都有石经传世,如三国时期的《正始石经》,曹魏正始二年(241年)刻成古文、篆文、隶书3种书体的石经,又称《三体石经》,唐文宗开成二年的《开成石经》,五代蜀广政元年至二十八年(938—965年)刻的《后蜀石经》,宋仁宗庆历元年始刻的《北宋国子监石经》,南宋高宗用楷书手写付雕的《御书石经》以及清朝的《清乾隆石经》等。在文字传播的准确性和广泛性上,石雕具有更大的意义,被后人称为"石头书"。

2.我国真正的古籍文献。

(1)简牍:中国古代用竹、木制成的书写材料,是我国最早的正式书籍。竹简就是竹片,截竹为简,便成为书写材料。一根竹片叫作"简",把多根简编连在一起叫作"简策","策"意与"册"相同。一块木板叫作"版",写了字的木板叫作"牍",一尺见方的"牍"叫作"方"。简策一般为长篇著作或文字,版牍的主要用途是记录物品名目或户口,也可画图和通信。据考证,在公元前1300多年(商代末期),我国已有简策,后世一直沿用到印刷术发明之后,其间以春秋到东汉末年最为盛行。东汉以后逐渐为纸写本所代替。迄今发现最早的简牍实物是战国时期写有文字的竹简和木牍。

(2)帛书:帛书亦称缣书,是写在缣帛(丝织品)上的书。《墨子》一书中有"书于竹帛,镂于金石,琢于盘盂"的记载。帛书起源于春秋时期,实物则以

1942年长沙子弹库楚墓出土的为最早。战国时代,帛书与简牍是同时并用的。三国以后,纸逐渐通行,帛书随之渐少。帛书的使用时间大约在战国到三国之间,即公元前4世纪到公元3世纪,长达七八百年之久。

(3)写本书:东汉蔡伦发明了造纸技术,成为中国古代四大发明之一。这是书籍制作材料上的伟大变革,在人类文明史上具有划时代意义。纸材取代简牍成为普遍采用的书籍材料,在纸上抄写是成书的主要形式。由于纸的来源充足、抄写容易,使得文字、书籍的传播更加广泛。隋唐时期是我国写本书的极盛时期。写本又称手抄本,是手工抄写而成的图书或文稿,包括手稿本、清稿本、抄稿本、影抄本,在版本学上与刻本或印本相对。自有文字著述以来,用手工抄写的方式来保存和传递知识的活动就始终存在。抄写既是求知自学、积累知识的基本手段,又是书籍制作和文献整理的基本工作,也是书籍传播和流通的必要方式。具体到我国的出版历史,在雕版印刷术发明之前,图书基本上都是写本,书籍的生产与流通全靠人工抄写。这一时期的出版历史属于手抄本时代。隋唐以后,雕版印刷术的发明和推广使得书籍的制作和流通逐渐摆脱了手工抄写的限制。从此以后,印本书便逐渐登上了历史舞台,人类也因之而进入了印刷时代。

(4)刻本书:刻本书就是刻版印刷的书。一般是请书法很好的人写版,即将要雕刻的内容先写在一张纸上,然后将写好的纸稿反贴于预先准备好的木板表面,给予一定的压力,使文字或图像呈反向转移到木板上,再由雕刻工人雕刻成反向凸起的文字或图像。校正无误后进行印刷成书。刻本书有雕版刻印和活字刻印,活字印书有泥活字、木活字、金属活字和磁活字等。

刻本书大致可分为宋刻本、元刻本、明刻本、清刻本四种:①宋刻本。北宋早期多为欧体,后又流行颜体,而南宋以柳体为多。纸张多用白麻纸,闽本用黄麻纸。刻本上下栏线细,左右栏线粗,行宽、字疏,版心多有刻工姓名和字数,装帧采用蝴蝶装;②元刻本。以赵体为主,简体字增多,版式多为四周双栏,行窄字密。纸张主要用黄麻纸、白麻纸、竹纸,装帧以包背装为主;③明刻本。明初多为软体字,中期以后多用仿宋体,晚期字体变长,有长宋体之称。纸张多为白绵纸、黄绵纸、竹纸、毛边纸、毛太纸,晚期用竹纸偏多。版心上刻有字数及刻工人名。嘉靖以前为包背装,万历之后改为线装;④清刻本。早期字体有明末风韵,字形长方,横粗竖细。康熙之后流行硬体字,道光以后的字体呆板,称"匠书体"。纸张品类极多,有十余种,装帧都是线装。

3.我国古籍图书的类型。

(1)类书:所谓类书,就是采撷群书,辑录各门类或某一门类的资料,随类相从而加以编排,以便寻检、征引的一种古典文献工具书。其体例有集录各科资料于一书的综合类和专收一门资料的专科类两种。编辑方式一般按类编排,也有按韵、按字分次编排的。现存的著名类书有:唐代的《艺文类聚》《初学记》,宋代的《太平御览》《册府元龟》,明代的《永乐大典》,清代的《古今图书集成》。其价值:①保存我国古代大量的接近原作的珍贵资料,以供校勘典籍、检索诗词文句、查检典故成语出处之用;②为研究者直接提供了专题研究的资料。

(2)政书:政书是主要记载典章制度沿革变化及政治、经济、文化发展状况的史书。政书搜集历代或是某一朝代政治、经济、文化制度方面的材料,分门别类地加以编排,具有制度史、文化史、学术史方面的信息。由于政书具有资料汇编性质,所以一般也作为工具书使用。

(3)丛书:丛书或称"丛刊""丛刻""汇刻书""套书",是把各种单独的著作汇集起来,给它冠以总名的一套书,分为综合性丛书和专门性丛书两种。

中国的丛书,一般认为始于南宋,俞鼎孙、俞经的《儒学警悟》可算为丛书的鼻祖,以后各代多有编纂,比较有名的丛书如《四库全书》《四部丛刊》《四部备要》等。其中《四库全书》的部头之大,堪称中国古代丛书之最,共收书三千五百零三种,七万九千三百三十七卷,约九亿九千七百万字。当时,《四库全书》没有刻印,全书只缮写七部,曾分藏于清代的七大藏书阁。

(4)辞书:辞书以词语为对象,包括字典和词典。中国古代无字典和词典之分,一般统称为字书。我国古代的字书,有讲字形的,如《说文解字》就是我国第一部以分析字形、探讨字体结构源流为主要内容的字书;有讲训诂的,如《尔雅》就是我国第一部以训释字义和词义为主要内容的训诂书;有讲字音的,如《广韵》就是我国现存第一部完整的以归纳字音、探求声韵源流为主要内容的韵书。

(二)现代图书文献的类型

图书的种类繁多。根据不同的情况、目的和需要,有多种划分的方法。

1.按照知识的内容划分。可划分为社会科学图书和自然科学图书。

2.按照印刷的文种划分。可划分为中文图书、日文图书、西文图书、俄文图书等。

3.按照作用划分。可划分为普通图书、工具书、教科书、科普书等。

4.按照著作的方式划分。可划分为专著、编著、译著、文集、汇编、类书等。

5.按照知识内容的深浅程度划分。可划分为学科专著、科普图书、儿童读物等。

6.按照生产的方式划分。可划分为写本书、抄本书、铅印本书、打印本书、排印本书、照排本书、影印本书等。

7.按照装帧的形式划分。可划分为精装书、平装书、线装书等。

8.按照刊行的情况划分。可划分为单行本图书、丛书、抽印本图书等。

9.按照出版卷划分。可划分为多卷书、单卷书等。

10.按照版次和修订情况划分。可划分为初版书、再版(重版)书、修订本书、增订本图书等。

11.按照载体划分。可划分为纸质图书、感光材料图书、磁性图书、电子图书等。

12.按照图书内容所属学科范围划分。可划分为数学图书、物理学图书、化学图书、生物学图书、医学图书、文学图书、历史图书、哲学图书、政治图书、军事图书等。

13.按图书的珍贵程度划分。可划分为一般图书、善本图书、珍本图书等。

第三章 文献资源建设

第一节 文献资源建设概论

一、文献资源建设的基本概念

(一)什么是文献资源建设

现代社会,随着科学技术和社会文化的高度发展,社会的文献信息量爆炸式增长,文献信息类型多种多样。要开发和利用文献信息资源,就要将分散、无序的文献信息,建设成有序的整体系统。建设是开发的前提,没有对文献信息资源的建设,就谈不上开发和利用。所以说,文献资源建设是一项极为重要的基础建设工作,也是文献情报事业的重要组成部分,还是现代图书馆学、情报学、文献学共同研究的一个分支学科。

文献资源建设一般包括两方面内容:一是各个文献情报机构对文献的收集、组织、管理、贮存等工作;二是一个地区、国家乃至国际众多文献情报机构对现有文献资源的规划和协作、协调收集和收藏,形成整体资源,即从宏观上制定目标和规划,进行协调和分工,以指导各文献情报机构的文献收集工作,突出各自优势,形成比较完备的收藏,并将其作为集体的资源共同享用,从而建立起一定范围内的文献资源保障体制。

(二)文献资源建设是藏书建设发展的必然结果

随着社会的进步和图书情报事业的发展,藏书建设已逐步被文献资源建设所代替,这种代替是藏书建设自身理论研究和实践发展的必然结果。其原因主要有两个方面。

1.图书馆藏书的类型发生了变化。原来图书馆藏书的类型单一,只有图书、期刊等少数几种文献类型。随着社会上文献出版类型的增多,现在图书馆藏书不但包括印刷型的图书、连续出版物、特种文献,还包括非印刷型的缩微文献、声像文献和电子出版物。而且随着科学技术的发展和用户需求的增加,非印刷型文献的数量在图书馆藏书中所占的比例会越来越大。这样,原来意义上的图书馆藏书已不能代表现在图书馆藏书的实际类型,而实际上,现在图书馆藏书已是各种文献的集合,各种文献的集合就构成了文献资源。因此,现在意义上的图书馆藏书就是馆藏文献资源。图书情报机构所进行的对文献的规划、补充、剔除等工作也就成为文献资源建设。

2.藏书建设增加了新的内容。由于当今文献出版量剧增、书价大幅度上涨、购书经费短缺等原因,致使馆藏文献资源的入藏量相对减少,具体图书情报机构所进行的藏书建设已不能满足本单位用户对文献的需求,更无法满足社会用户对文献的需求。这样,就促进了藏书建设自身的发展,相继开展了编制馆藏联合目录、协作采购、文献资源社会调查、文献资源布局、文献资源共享等多方面的理论研究和实践活动。这些理论研究和实践活动已远远超出了原来藏书建设的内容。这样,原来意义上的具体图书情报机构的藏书建设已无法概括现在藏书建设的实际内容,而且随着现代科学技术的应用和发展,正在或将要为藏书建设提供更加广阔的理论研究和实践领域。为此,我国的图书情报理论界认为应该给予藏书建设新的认识。

(三)文献资源建设与藏书建设的关系

所谓藏书建设,就是研究图书馆工作任务和读者需求,系统地建立、发展、规划、组织藏书体系的全过程。藏书建设的概念由藏书采访演变而成,又远远超出藏书采访的含义。20世纪50年代初,藏书建设还是作为藏书采访或藏书补充的同义词出现的。20世纪60年代,"藏书建设"这个词开始被赋予新的含义,表示从藏书补充到藏书组织或典藏的整个过程。藏书建设已形成完整的系统概念。

文献资源建设的概念及其理论的提出,是我国图书馆和文献学理论研究的一大突破,具有重要的理论与实践意义。相比较,文献资源建设能更好地概括文献的本质,反映文献信息工作的实际。"文献资源建设"与"图书馆藏书建设"比较,其工作的立足点更高,涵盖面更广,这有利于图书馆人打破"小而全""大而全""部门所有制"等一系列小农经济思想的束缚,从而帮助各馆跳出"自我",摆脱藏书建设陷入的困境,使其最终成为整个社会文献资源保障体系中的一个重要组成部分,最终使"馆藏"变为"国藏",使文献资源建设走上跨地域、跨国界的共建共享的轨道。从图书馆藏书建设发展到文献资源建设,不仅反映了文献资源建设实践活动的丰富和理论研究的成熟,也反映了人们思想观念和认识水平的飞跃,也是图书、文献信息工作一体化发展趋势在这一领域的集中体现。

文献资源建设与藏书建设是有区别,又有联系的。藏书建设是文献资源建设的分支,一般指具体文献部门的藏书规划、组织、发展、采选、评价、剔除等工作,而文献资源建设这一概念主要用于对跨部门、跨地区的全局性文献的宏观规划、组织、布局、协调等。

(四)文献资源建设与信息资源建设的关系

20世纪90年代以后,随着信息环境的巨大变化,特别是网络的迅速发展,文献资源建设的实践发生了重要变化,文献资源建设的理论也显露了一些局限性。首先,图书馆赖以提供服务的资源基础已不再局限于馆藏的物理形态的文献,各种形式的电子化或数字化的信息迅速涌入图书馆。文献资源只是多种形式的信息资源中的一种类型,尽管它在大多数图书馆仍然是主要的信息资源类型。显然,对数字化信息的生产、组织、加工、存储等工作内容不是"文献资源建设"所能涵盖的。其次,文献资源所关注的主要是图书馆"拥有"

的实体馆藏,而在网络环境中,读者获取信息却不一定依赖实体的馆藏。因为互联网将不同系统的图书馆连为一体,读者通过网络可以方便、快捷地获取本馆缺乏的信息。因而图书馆的资源结构发生了变化,即由单一的实体馆藏变成了实体馆藏加虚拟馆藏。显然,虚拟馆藏建设也是原来的"文献资源建设"难以包容的。最后,文献资源建设已经注意到文献资源保障体系建设和资源共享问题,但只有在网络环境中借助于先进的信息生产、存储与传递技术,才能最大限度地实现信息资源共建、共知和共享,真正建立一个无比丰富的信息资源保障体系。显然,文献资源建设理论也是无力解决信息资源的共建、共知和共享的问题。正是由于上述原因,人们认识到文献资源建设有必要突破原来的概念和理论框架,加以丰富和发展。于是,信息资源理论便浮出水面。

信息资源是经过人类采集、开发并组织的各种媒介信息的有机集合,也就是说信息资源既包括制品型的文献信息资源,也包括非制品的电子信息资源。

信息资源建设是人类对处于无序状态的各种媒介的信息进行有机集合、开发、组织的活动。因此,网络环境下的信息资源建设既包括文献性的资源,也包括数据库的建设,还包括对网络信息资源的开发与组织。

信息资源建设活动要比文献资源建设活动宽泛得多、复杂得多。只有将文献资源建设、数据库建设与网络资源建设有机结合起来,才能称得上完整的信息资源建设。那么,信息资源建设与文献信息资源建设和藏书建设(馆藏建设)是什么样的关系呢?

信息资源建设与文献信息资源建设和藏书建设是包容关系。信息资源建设犹如一级类目,属于宏观层面;文献信息资源建设犹如二级类目,属于中观层面;藏书建设犹如三级类目,属于微观层面。文献资源建设尽管失去了"统帅"地位,但其作用并未削弱,而且只能加强不能削弱。因为网络环境下更需要文献资源的整体化建设,同时也有条件比过去做得更好。而微观层次的藏书建设则是宏观和中观建设的基础,否则宏观与中观建设无从谈起。因此,我们说三者各司其职,谁也取代不了谁,每一个概念都有其特定的含义。但在称谓上也可以称文献信息资源建设和馆藏建设为"信息资源建设"。

二、文献资源建设的基本内容

文献资源建设是依据文献信息服务机构的服务任务与服务对象以及整个社会的文献情报需求，系统地规划、选择、收集、组织管理文献资源，建立具有特定功能的文献信息保障体系的全过程。文献信息资源作为一种知识和智力资源，不是天然存在的，而是需要我们去积累和建设的。文献信息资源建设一般包括宏观和微观两个方面。宏观文献信息资源建设和微观文献信息资源建设之间是辩证统一的关系，微观建设有赖于宏观的指导，宏观建设有赖于微观建设的发展，微观文献信息资源建设是宏观上整体文献信息资源建设的不可分割的组成部分。

从藏书建设自身理论研究和实践的发展结果看，文献资源建设就是一定范围的图书情报机构通过规划、协调，将社会上分散的文献资源予以选择收集、组织管理，通过逐步积累使之成为一个文献资源体系，来满足本单位用户和整个社会用户对文献资源的需求的全部活动。这里所指的一定范围，既包括具体图书情报机构的文献资源建设，又包括一个地区、一个系统乃至整个社会图书情报机构的文献资源建设。因此，这一定义就明确地说明了文献资源建设包括微观文献资源建设和宏观文献资源建设两个方面的基本内容。微观意义上的文献资源建设，即传统意义的藏书建设，是指具体图书情报机构对文献资源的规划、补充、组织等工作，通过逐步积累形成一定规模的文献资源体系，来满足本单位用户及社会用户的部分需求的全部活动。而宏观意义上的文献资源建设则是指一个地区、一个系统、一个国家乃至国际众多图书情报机构对文献资源的规划和协调发展，通过逐步积累最后形成一个文献资源整体，来满足社会用户对文献资源需求的全部活动。

从文献资源建设所包括的内容上看，文献资源建设与藏书建设有着本质的区别。这种本质的区别就在于藏书建设只是研究具体图书情报机构对文献资源的规划、补充、组织等工作，无法适应宏观文献资源建设理论研究和实践发展的要求，而文献资源建设不但包括了具体的图书情报机构的文献资源建设，而且还包括了宏观文献资源建设，适应了宏观文献资源建设理论研究和实践发展的要求,并从总体上概括了文献资源建设的理论体系。

(一)微观文献资源建设

微观意义上的文献资源建设就是指各个文献情报机构对馆藏文献信息的规划、收集、组织、管理、贮存、评价等工作,也就是文献情报机构根据自身的性质、任务和服务对象,按照一定的原则、范围、标准,有目的、有计划地开展文献资源的建设工作。

1.馆藏文献资源体系规划。馆藏文献资源体系规划是指对一段时期内文献信息机构文献资源建设的目标、任务,以及为实现这些目标、任务所需的方法、步骤的安排和规定,是建立文献信息资源体系的蓝图和依据,对具体文献信息资源建设工作具有指导性作用。

馆藏文献信息资源体系规划就是指每一个具体的文献情报机构,根据自身的性质、任务和服务用户的需要,确定文献信息资源建设的原则、收藏范围、收藏重点和采购标准,提出本机构文献信息构成的基本模式。在此基础上,制订文献收集计划、入藏比例、层次级别,形成有内在联系和特定功能的文献信息资源结构,建立有重点、有特色的专门化的文献信息资源体系。微观规划在实践上表现为短期规划,包括年度计划、季度计划等,是文献资源建设的具体实施计划。每一个文献情报机构都要收藏一定学科范围的文献。由于现代文献的类型、载体繁多,各类文献之间有内容交叉、重复现象,为了节约有限的文献购置经费,采访工作需运用文献资源结构的理论与方法,确定不同学科、不同类型、不同水平的文献在馆藏体系中所占的比例,合理配置文献资源,充分发挥馆藏文献的整体功能。文献采访的依据是详细的文献发展规划,文献发展规划的确定要考虑文献机构的类型、方针任务、读者对象、出版情况、原有藏书基础、经费设备条件以及本地区藏书的分布状况等诸多因素。

2.馆藏文献收集。文献收集是指文献机构按照文献资源建设的方针、原则和标准,对众多的文献进行了解、鉴别、分析、判断,从中选择出适合本单位文献资源建设目标和用户需求的文献的过程。无论哪一个图书馆,哪个文献收藏机构,其业务工作都是从文献采访工作开始的。文献采访是整个图书馆工作的基础。

　　文献资源的收集包含两层意思,即选择文献和采集文献。选择文献即选书工作,指遵循一定的方针、原则,挑选适合的文献。这是一项指令性活动,具有很强的知识性和学术性,是对文献的知识内容和情报价值的鉴别和选择,选择的结果将对文献质量起决定性作用。采集文献即采购工作或购书工作,指采用一定方式和途径收集文献。这是一项执行性活动,具有较强的技术性和实践性。馆藏文献收集要按照一定的程序和技术规则采购出版物,并要主动地寻找书源,采用多种方式方法打通各种渠道,利用各种途径保证收集那些已经选定的出版物,并收集各种出版线索提供给文献选择人员扩大文献选择范围。文献选择与文献采购,组成文献收集的两个方面,二者相互联系又相互区别,因而应当有不同要求和明确的分工。国外许多图书馆都明确地将文献选择和文献采访区分开来,认为文献选择必须由业务馆长负责,由受过专门教育的高级官员担任文献钻研工作,而购书工作则由技术人员或业务主理人担任。因此,认为文献收集就是购买书刊,是一种纯粹的事务性工作,这种看法显然低估了文献收集的地位和作用。

　　3.馆藏文献标引。馆藏文献标引就是依据一定的文献标引规则,对入藏文献的学科内容和文献的其他特征进行分析和主题描述,并以标识符号作为检索标识,揭示文献的工作过程。

　　文献检索是图书馆和文献信息机构开展文献信息服务的重要手段,文献检索系统是文献检索的基础。建立文献检索系统,首先要对大量的无序文献进行整序并加以存贮,形成有序的文献集合。这个过程就是对收集入馆的每种、每篇、每件文献信息的内容特征和外部特征进行分析,确定其检索标识,连同文献的地址构成检索款目,并按一定的顺序加以组织排列。

　　因此,文献标引就是根据文献信息的特点,赋予文献信息特点标识的过程。文献信息有多种特征,从文献外部特征揭示"文献标引",一般称之为"文献著录",从文献内容特征揭示文献的标引才称之为"文献标引"。文献只有进行标引后,才能获得文献的检索标识,才能按一定的逻辑次序加以组织,才能根据文献信息内容特征进行检索。

馆藏文献标引包括分类标引和主题标引两个方面。

(1)分类标引：文献分类标引就是以文献分类法为工具,根据文献反映的学科知识内容、形式体裁、立场观点和读者用途,赋予文献信息一定的标识码,并按照一定体系系统地组织和区分文献。文献分类标引包括两个内容：①辨类；②归类。具体的文献分类标引是分析文献内容的学科属性,确定所属类目,予以提示藏书,并将它们分门别类地组织起来。文献的分类标引工作,是一项十分细致而带有一定学术性质的工作。其工作程序为：查看,分析文献内容,归类,给分类号,校对分类目录,编索书号等几个步骤。

(2)主题标引：主题标引是以主题词表(叙词表)、标题表等为工具,赋予文献信息语词标识的过程。在文献标引工作过程中,标引人员要通过一定的方法对文献主题,即从文献资料研究、论述对象的主题概念角度来揭示文献的内容,这种方法就是主题标引的方法,也被称作"主题法"。主题法是图书馆中揭示和组织文献资料的一种手段。和文献分类法一样,都是从文献资料的内容出发,揭示图书馆的文献资料,但二者角度不同。文献分类法主要根据文献内容的学科性质,以类目名称和分类号来揭示和组织文献资料,分类法体系是建立在科学分类的基础之上的。主题法是根据文献内容所涉及的主题概念,以主题词来揭示和组织文献资料的。主题是文献资料所阐明的主要问题和对象,用规范化的自然语言词汇把主题概念表达出来,这种规范化的词汇就称为"主题词"。由此可见,主题法体系是建立在规范化的自然语言基础上的。

4.馆藏文献编目。根据一定标准或规则对文献内容和形式特征进行分析、选择和记录的过程。狭义为著录的同义词,广义还包括将著录形成的各条款目按一定原则与方法组织成各类目录的过程。按编目的内容可分为描述编目和主题编目。描述编目是对文献实体形态的客观描述；主题编目则是对文献进行内容特征的分析,并决定其主题标目和分类号,主题编目通常被称为"分类标引"和"主题标引"。

(1)文献著录：对文献的各种特征进行分析、选择和记录的过程。通过著录,将文献的各种特征反映在检索工具的各种载体上,情报用户利用检索工具即可方便地了解和掌握所需要的特定文献。文献著录必须遵循一定的规则。

在国际上,著录规则有《国际标准书目著录》(ISBD)等。中国的著录规则有《文献著录总则》和《检索期刊条目著录规则》等。著录项目一般包括题名与责任者项、版本项、文献特殊细节项、出版发行项、载体形态项、丛编项、附注项、文献标准编号及有关记载项、提要项。著录的载体形式有卡片、书本、磁带和机读等形式。卡片式与书本式是传统手工方式著录。电子计算机应用后,著录项目可填在工作单上,通过穿孔卡片或键盘直接输入计算机,并利用计算机一次输入、多次使用的功能制成检索磁带,同时打印编排卡片式、书本式检索工具。自机读目录格式(MARC格式)产生后,文献著录进入了现代化、标准化和联机联网阶段。

(2)文献目录:对文献进行著录和标引,形成一系列描述和揭示文献外表特征和内容特征的条目,并将这些条目有序排列成文献目录一类检索工具的工作。目录的种类很多,各种目录的功能和排序方法也不同。供用户随时查用的称为"读者目录",供情报部门内部使用的称为"公务目录",按不同文献类型组成的目录有图书目录、期刊目录、科技报告目录、会议文献目录、学位论文目录、专利文献目录、技术标准目录、声像资料目录等;按目录反映的文献收藏范围分,有馆藏目录、联合目录等;按目录反映的文献内容分,有综合目录、专科目录、专题目录等;按文献的不同文种排序的目录有中文、英文、日文、俄文等文献目录;按目录的不同编排方法分,有分类目录、主题目录、作者目录、书名目录等;按目录的载体形式分,有卡片式、书本式及磁带式目录等。

5.馆藏文献组织。馆藏文献组织管理的中心内容是对馆藏文献的合理布局,即组织各种不同的文献库。布局应保持相对稳定,同时也应根据变化的情况对馆藏做相应的调整,但变动不宜过于频繁,以免影响到保管和利用。文献库的组织源于对文献的划分,较大的图书馆一般将馆藏文献划分成若干个不同部分,如图书和期刊,普通书与线装书,常用书和非常用书,综合性图书和专科性图书,纸质文献与音像文献、缩微文献等。在划分馆藏文献的基础上,分别组成不同用途的文献库。馆藏组织受多种因素的影响,如文献借阅制度、空间与设备条件、藏书与读者特点、图书馆员的业务能力和管理水平等。此外,馆藏组织还在很大程度上受传统习惯的影响。

6.馆藏文献剔除。文献剔除就是图书馆根据文献资源建设的原则和标准,将长期不流通、滞留在书库,读者少用、不用或无用、无保存价值的文献,从文献资源库存中分离出来,并按不同情况分别进行处理。文献剔除是文献收集的逆过程,文献资源建设是一个持续累积、补充和不断完善的动态过程。在这个过程中,不仅包括新的文献源源不断地入藏,也包括对已经入藏的文献中由于各种原因而失去使用价值和保存价值的文献进行剔除。文献的收集和文献的剔除是文献资源建设辩证过程相辅相成的两个方面。

7.馆藏文献评价。馆藏文献评价是对图书馆现有藏书体系具有的各个属性进行检测、做出评判的过程。从某种意义上说,图书馆的选书和剔除也是评价性的活动,但选书和剔除主要着眼于对每一种具体的文献进行价值判断,而文献评价则是对整体文献而言的,是对整个文献收藏体系的评价。如前所述,文献资源体系有两个方面的含义:一是指微观的文献资源体系,即每个具体的图书馆的文献收藏体系;二是指宏观的文献资源体系,即一个系统、一个地区乃至全国的文献资源建设体系。因此,文献评价不仅包括对微观体系的评价,而且包括对宏观体系的总体评估。

文献评价作为文献资源建设的一项基本内容,其作用主要在于通过对文献的检测,反馈各种信息,从而为调控文献资源建设过程和进行科学决策提供客观依据。无论是微观的还是宏观的文献资源建设,总是要遵循一定的方针、原则,按照一定的规划进行的。一般来说,这些方针、原则及规划都是在一定理论指导下,总结实践经验的产物。但是在文献资源建设的操作过程中,由于受到各种主客观因素的影响,因而不可避免地出现对既定方针的偏离。同时,任何方针的确定和规划的制定,必然要受到当时历史条件及人们的认识水平、认识能力的制约,其正确性也只有通过时间才能进行检验。而文献评价就具有这种检验功能。文献评价就是运用各种定型的和定量的方法,对文献资源体系的各个方面的属性进行检测,找出既定目标与实际效果之间的差异。图书馆根据这些反馈信息对文献资源建设的各个环节进行控制,就能有效防止与纠正对既定方向的偏离。同时也可根据这些反馈信息对原来确定的方针、原则和规划进行判断,明确哪些部分是正确的,应该继续贯彻;哪些部分有缺陷,需要完善、修正;哪些部分是错误的,必须废弃,从而为下一步文献资源建设的科学决策提供客观依据。

(二)宏观文献资源建设内容

宏观意义上的文献资源建设就是指一个地区、一个国家,乃至国际众多文献情报机构对现有文献资源的规划和协作、协调收集和收藏,形成整体文献信息资源结构体系,即从宏观上制定目标和规划,进行协调和分工,以指导各文献情报机构的文献收集工作,突出各自优势,形成比较完备的收藏,并将其作为集体的资源,共同享用,从而建立起一定范围内的文献信息资源保障机制。

文献信息资源建设不论属于何种范围,一般都要包括以下几个方面的内容或步骤。

1.宏观规划确定目标。宏观规划,就是从一个系统、一个地区,乃至全国的整体出发,对文献信息资源建设进行统筹规划、合理布局,制定各文献情报单位之间在文献收集、存储和开发利用方面的协调规划,从而形成相互依存、相互联系的整体化、综合化的文献信息资源建设的总方向、指导思想、最终目标等,解决文献信息资源建设中带根本性、全局性和长远性的大问题。长期规划,通常有三年规划、五年规划等,主要用于确定规划期内文献资源建设的发展目标、任务及实现的途径、结果。

2.资源状态调查分析。对各地区、各系统、各文献单位现有文献资源状况进行调查、分析和研究。主要对一定范围内所藏文献信息的类型、学科、语种、数量、分布情况、文献利用情况、对决策和研究的保障和支持情况、各收藏单位的收藏重点与所形成的特色等进行详细的调查,并对此进行分析研究,为制定资源文献信息源建设规划提供参考或建议。

3.建立管理协调机构。建立文献信息资源建设的管理与协调机构是整体化文献信息资源建设的前提条件。无论是国家的管理机构还是地区性的管理机构,都必须具有权威性和协调能力,同时还有按系统或地区确定协调机构的成员单位,以便建立起各种协调、协作的工作关系。对参加单位的数量在原则上不应限制,但参加单位必须具有馆际互借、网络联机和直接阅览等条件,重点单位应该是具有一定收藏特色的文献情报机构。各参加单位一般都要订立协议,确立文献收集的分工合作,资金分配以及馆际互借、资源共享等权利与义务。应有适当经费资助,但不能减少各馆本身的经费或其他渠道的经费。

4.明确目标,制订计划。在开展文献信息资源调查研究的基础上,在综合考虑文献资源现状、文献需求状况以及其他可能条件的情况下,提出文献资源建设的计划、目标和采用的布局模式。

5.合作采集分工收藏。实际进行文献合作采集或分担收集工作,这是文献信息资源建设的一项主要内容。此外还必须开展相应活动,如确立文献寄存制度,编制联合目录或建立计算机联机联合目录数据库,建立计算机化的文献采购系统、文献检索系统、馆际互借系统等。

6.开发利用、资源共享。文献信息资源的开发利用和资源共享活动,包括文献报道、查询、阅览、复制,以及文献检索、参考咨询、综合评述、文献信息资源共享等。

7.资源建设评估评价。定期进行文献信息资源建设评估活动,主要利用各权威、核心的文献目录或馆藏目录及文献数据库、机读目录,运用一致的标准和方法,对一定范围内的馆藏文献信息状况和使用状况进行定量、定性分析,做出评价,找出存在的问题,以便进一步完善。

8.资源建设理论研究。文献信息资源建设工作是一项理论性和实践性都很强的工作,需要在实践的基础上不断总结经验和研究探讨其规律性。因此,对文献信息资源建设基本理论和方法的研究,就成为文献资源建设工作的重要内容之一。

(三)微观文献资源建设与宏观文献资源建设的关系

微观文献资源建设与宏观文献资源建设有着密切的关系,表现在外在和内在两个方面。

1.外在关系。微观文献资源建设与宏观文献资源建设具有密切的外在逻辑关系。这种外在的逻辑关系是指二者相应的逻辑关系,我们把具体图书情报机构的文献资源建设称为"微观文献资源建设",就应把一个地区、一个系统、一个国家的文献资源建设称为"宏观文献资源建设",这是因为微观与宏观是一种相应的逻辑关系。如果把微观文献资源建设或宏观文献资源建设异名,就与这种相应的逻辑关系相悖。目前,图书情报理论界有的将宏观文献资源建设称为"文献资源整体化建设"或"整体文献资源建设",就是因为没有去考虑这种相应的逻辑关系所致。如果孤立地研究宏观文献资源建设,这样是可以的,但如果把宏观文献资源建设纳入文献资源建设的整体去研究,这样就是不妥的。既然已把单个图书情报机构的文献资源建设称为"微观文献资源建设",那么,把一个地区、一个系统、一个国家的文献资源建设称为"宏观文献资源建设"就更为确切。

2.内在关系。微观文献资源建设与宏观文献资源建设具有内在的辩证统一关系。宏观文献资源建设有赖于微观文献资源建设,如果没有具体图书情报机构的文献资源建设,就很难形成文献资源的整体优势,去满足社会用户对文献资源的需求;而微观文献资源建设则是宏观文献资源建设的有机组成部分,如果没有宏观文献资源的规划,便不能形成具体图书情报机构的文献资源优势,结果既不能满足本单位用户对文献资源的需求,也不能更好地形成文献资源的整体优势,去满足社会对文献资源的需求。微观文献资源建设与宏观文献资源建设目的的同一性,就决定了我们在研究微观文献资源建设的同时,也应重视对宏观文献资源建设的研究。同时也告诉我们,文献资源建设的理论体系是一个有机整体,而微观文献资源建设和宏观文献资源建设是这个整体中缺一不可的内容,我们只有这样去认识问题,才能冲破传统的藏书建设理论体系的束缚,创立全新的文献资源建设的理论体系。

三、文献资源建设的基本任务

社会文献信息资源是一个整体系统,文献情报部门收藏的文献信息是社会文献信息资源体系的基本组成部分。图书馆藏书建设实质上就是文献信息资源建设,因此,文献信息资源建设工作包括宏观规划设计和微观馆藏建设两个方面。文献资源建设的基本任务应包括以下内容。

(一)确定指导思想

指导思想是一切行动的指南。文献信息资源建设工作所要达到的总体目标,是文献信息资源建设指导思想实践的必然结果。根据我国国情和我国文献信息资源分布的实际情况,以及文献信息资源建设所要达到的最终目的,把建立有效的文献信息资源保障体系作为文献信息资源建设的指导思想,就是建设有中国特色的文献信息资源保障体系,不断满足人们日益提高的文献需求。

(二)制定发展政策

文献信息资源建设工作涉及国家、地区和文献收藏机构等诸多方面,因此,制定适合我国国情的、正确的文献信息资源建设发展政策是搞好文献信息资源建设工作的基本保证。文献信息资源建设发展政策是一个体系,它的内容随着时代的发展而发展。

1.文献发展纲要。文献信息资源建设发展纲要是文献信息资源建设工作的基础和前提。因此,制定出以学科体系为基础、资源分布结构合理的文献信息资源建设发展框架是非常重要的。首先要求划分文献资源的学科范围,制定一个规范统一、详略得当、学科齐全的学科框架一览表,然后根据文献内容和读者的不同需求层次,相应地划分出各学科范围文献的若干层次的收藏级别,并规定各个级别所应达到的收藏目标,再结合文献的语种、类型等设计出一个"文献收藏结构一览表",以规划文献信息资源建设的发展。

2.制定协调方案。文献信息资源建设工作无论从宏观建设还是微观建设来讲,都需要国家、地区之间,行业系统之间,收藏机构之间以及收藏机构内部之间的协作、协调。因此,制定出资源发展、合作藏书、资源共享的协作协调政策,确定文献资源合作收藏的目标、任务,参加协作的机构入藏文献的范围、应该承担的责任、文献的报道和共同利用等,是非常重要和关键的。在统一的政策下,各文献信息收藏机构都必须按照协议政策规定的权利与义务,对本机构分担收藏的文献信息进行完整的入藏并承担入藏文献的报道任务,以及将本机构入藏文献提供给其他单位读者利用的义务。

3.文献收集政策。文献收集政策是文献信息资源建设发展政策中较具体的政策,主要阐述文献收集的原则与方案,确定各文献收藏机构文献选择的标准、类别、类型、语种、载体和数量等政策,以及确定采访工作程序及文献交换、接受捐赠的计划等。

4.经费分配政策。确定文献购置经费、特殊经费的分配和使用的政策和分配的原则等。

5.文献管理政策。确定对各文献机构收藏文献的保存、加工、传递的程序与原则。确定文献保护的原则、技术标准和措施。确定文献评估标准和实施方案。确定文献剔除与淘汰的标准、范围、频率。确定文献信息资源贮存系统的建立方案和具体运作方法。

6.机读数据库文件政策。在计算机编目和联机联合编目的情况下,要确定机读数据库文件政策;确定电子出版物收藏任务及获得和提供数字文献地址的途径与方法;确定机读目录格式标准和各著录项目、字段的处理细则;确定用于采访、管理、维护数字信息资源经费的数额与比例等。

(三)优化文献信息资源配置

文献信息资源建设工作中极为重要的一项任务,就是优化文献信息资源配置。所谓优化文献信息资源配置,就是文献资源合理布局,根据需要有意识地控制文献收藏与分布的工作活动。具体地说,文献资源布局有两方面含义:①指按学科或按文献类型在地域空间分布的状况或形成的格局;②指导研究和建设合理、方便、经济的分布格局的设计与实际工作。为了达到文献信息资源建设的目标,需要确定一种适当的布局模式,而布局模式的确立取决于国家或地区的规模、需求状况、交通和通信条件、经济发展水平、文献信息事业的发展概况等。

(四)构建特色的文献信息资源体系

我国文献信息资源建设的目标任务之一就是克服长期以来形成的文献收藏重复、雷同的问题。建立各具特色的文献信息收藏体系,是衡量各文献收藏机构文献信息资源建设水平的标志之一。文献特色收藏体系的形成,需要经过长时期的努力。各文献信息机构都应根据本单位所在地区的历史、地理、政治、经济和科学文化发展的显著特点与优势,根据服务区域用户的需要及本单位原有的基础,根据文献信息资源保障中心的分工安排等实际情况,选择与突出某一方面或某几个方面的专业文献作为自己的收藏特色,并集中本单位的人、财、物等有利条件,有重点、有针对性地突出与强化这些特色,在此基础上开展优质特色服务。只有建立起各具特色的文献信息收藏体系,才能使整个体系的文献信息资源既有广度又有深度,形成"小而特、大而全"的点面结合、层次分明、分工适当、布局合理、馆际之间具有互补性的文献信息资源网络体系。

特色化的文献资源体系主要类型有:文献的地方特色、类型特色、专业特色、文种特色、载体特色、时代特色等。

(五)加强协作协调、推进共建共享

文献信息资源整体化建设和分工协调,是当代文献信息情报事业发展的必然趋势之一。当今世界是一个竞争激烈、相互制约、相互依存的世界,世界各国都十分重视文献信息资源的开发利用。然而,科学技术发展带来的"信息爆炸",使任何一个国家、任何一个文献信息部门都不可能尽收天下文献信息,经费的拮据和收藏空间的压力更需要各文献信息机构拆除"围墙",分工协作,实行文献信息资源共建共享。早在20世纪初,欧洲一些国家的图书馆,就已经意识到在文献采访上进行分工,在文献的加工整理上进行协作,馆际之间开展文献交换、调配与互借。到20世纪70年代末80年代初,由于计算机网络技术的发展,这种文献资源共建共享的前进步伐大大加快了。

我国文献情报界之间的协作协调活动已有近半个世纪的历史,积累了很多好的经验。在社会主义市场经济体制下,在计算机网络环境下,用新的思想、新的观念、新的手段推进文献资源建设工作,用成功的经验指导馆际之间的协作协调,把文献信息资源共建共享这件大事做好,已成为文献资源建设者的迫切任务。

第二节 图书馆的文献需求

一、图书馆文献需求的目的与特征

(一)图书馆文献需求的目的

图书馆是收集、整理、保存文献资料并向读者提供利用的科学文化教育机构。其社会意义在于方便和满足人与人之间有关知识和信息的交流,无论是现代人之间的交流,还是现代人与过去人之间的交流,或者是现代人与未来人之间的交流。由于图书馆的存在,这种交流得以长久便捷地进行下去。

为了实现图书馆的社会意义,图书馆必须拥有完整、充分的文献资料。也就是说,图书馆文献需求的目的是要满足图书馆社会作用的发挥,保障图书馆文献传播职能和科学、文化、教育职能的实现。

(二)图书馆文献需求的特征

图书馆的文献需求与其他机构或个人有所不同,其特征是多方面的。宏观上突出的是其专业性和选择性。

1. 专业性。图书馆所需求文献的专业性表现在诸多方面。从社会分工上看,图书馆作为专业的文献收藏和提供服务的社会机构,其文献需求的数量、品种、专业化程度等是其他任何机构所不能相比的;从图书馆类型上看,图书馆在适应社会对文献需求的过程中产生了不同类型、不同规模、不同服务功能的所谓专业化图书馆,这些图书馆对文献需求有着自身专业的特定要求;从单个图书馆来看,不论其类型或规模如何,对文献的需求都表现出了专门性、系统性和完整性。

2. 选择性。图书馆文献需求的选择性表现在图书馆要选择有价值的文献和与需求相适应的文献上,这种选择性反映了图书馆文献需求的价值取向。

人类在生存和发展的历史长河中,产生了难以计数的各种文献。图书馆不论过去、现在或者将来都不可能也无必要收藏人类社会产生的所有文献。为此,图书馆必然要对社会文献进行选择。图书馆选择文献是人为的工作,自然带有社会的烙印。在社会主义条件下,图书馆需求的文献是有利于社会物质文明和精神文明产生和发展的各种文献。

图书馆要实现自身的社会职能,就必须使收藏的文献被读者所使用。也就是说,馆藏文献的使用是图书馆文献需求的最高原则。为此,图书馆的文献采访必须选择读者需求的各种文献。读者不需求或者不能被读者所使用的文献,也是图书馆不需要的文献。

二、各类型图书馆的文献需求

(一)国家图书馆的文献需求

国家图书馆是由国家建立的负责收集和保存本国出版物,担负国家总书库职能的图书馆。国家图书馆从向公众提供文献情报服务来看属于公共图书馆之列,但从文献收藏规模之大、收藏文献品种之全、相应社会职能广泛等方面来看,国家图书馆与一般公共图书馆有着明显的区别。

1.国家图书馆的类型。国家图书馆在很大程度上代表着一个国家图书馆事业的发展水平。它对本国图书馆事业的发展起着重要的作用。在国际上,国家图书馆主要有以下5种类型。

(1)公共性的中央图书馆:公共性的中央图书馆具有公共图书馆的性质,服务对象是面向社会的,但在服务重点方面与一般公共图书馆不同,侧重于为科学研究服务。如苏联国立列宁图书馆、法国国家图书馆、中国国家图书馆、英国不列颠图书馆、澳大利亚国家图书馆等。

(2)国会图书馆兼国家图书馆:如美国国会图书馆、日本国立国会图书馆、瑞典国会图书馆等,都具有公共图书馆的性质。除此之外,都设有相应的研究机构,专门为国会提供服务,但同时也履行国家图书馆的职能。

(3)大学图书馆兼国家图书馆:这种类型的国家图书馆较多,如1482年建立的丹麦哥本哈根大学图书馆、1640年建立的芬兰赫尔辛基大学图书馆、1811年建立的挪威奥斯陆大学图书馆等,都兼作为该国的国家图书馆。近些年来,有些观点认为大学图书馆兼作为国家图书馆的做法削弱了国家图书馆在全国图书馆事业中的作用。因此,有些国家已经在考虑另建国家图书馆了。

(4)科学图书馆兼国家图书馆:如罗马尼亚科学院图书馆、美国国立医学图书馆和美国国立农业图书馆等,都兼作为事实上的国家图书馆。罗马尼亚政府于1955年在布加勒斯特另建了一所大型综合性的公共图书馆——国立中央图书馆,将其作为国家图书馆,但科学院图书馆仍是国家图书馆之一。

(5)档案馆兼国家图书馆:由档案馆兼作为国家图书馆在一些较小的国家采用,如巴拉圭、柬埔寨、玻利维亚、摩洛哥等国家。

2.国家图书馆的职能。根据1974年国际标准化组织颁布的"ISO2789-1974(E)国家图书馆统计标准",将国家图书馆定义为:"主要是按照法律或其他安排,负责搜集和保管国内出版的所有重要出版物的副本,并且起贮藏图书馆的作用,不管其名称如何,都是国家图书馆。它们通常也执行下述某些功能——编制全国总目;拥有并更新一个大型的有代表性的外国文献馆藏,包括有关该国的书籍;作为国家文献目录信息中心;编制联合目录;出版回溯性全国总书目。名字叫作'国家'图书馆,但其功能与上述定义不符者,则不应列入'国家图书馆'类型之中"。

1976年8月,联合国教科文组织在瑞士洛桑召开了国家图书馆馆长会议,对国家图书馆在国家信息系统和国际信息系统中的作用问题,通过了一项政策声明,认为:"国家图书馆是图书馆事业的首要推动者,是各类型图书馆的领导。国家图书馆应在全国图书馆工作的各项规划中起中心作用"。根据这项声明的精神,国家图书馆在国家信息系统中应起三个主要作用:①提供必要的中心图书馆服务;②领导国家信息系统中的图书馆成员;③积极参加国家信息系统和制定全面发展规划。

从世界上大多数国家的实际情况看,国家图书馆的主要职能大体上可归纳如下。

(1)国家文献资源中心:国家图书馆通过完整、系统地收集、整理和保存本国文献,使之成为本国文献情报的最终保障基地;通过对国外文献进行有重点、积极的收集,形成丰富的外文馆藏,满足国内教学、科研的需要。

(2)国家书目中心:国家图书馆因其丰富的馆藏和本国文献收藏的完备性而成为国家书目中心。国家图书馆通过编印国家书目、编制回溯性书目、编印统编卡、编制联合书目等来体现这一职能。

(3)科学情报服务中心:为科学研究提供情报信息服务,是国家图书馆的重要任务之一。国家图书馆一方面加大科学情报源的收集;另一方面设立专门的阅览、参考室,开展文献的复制、复印,提供参考咨询、书目索引等服务,以满足社会对科学情报的需求。

(4)资源共享、馆际协作中心:资源共享的最高目标,是要在全世界范围内实现文献的广泛流通,而馆际协作是实现资源共享的有效方法和手段。国家图书馆由于全面收集和保存本国出版物,以及大量收集与本国有关的国外出版物,因而在资源共享和馆际协作方面担负着重要职能。这种职能反映在国家图书馆担当的馆际互借、国际书刊交换、外事交流、合编书目等方面。

(5)图书馆现代化、网络化的枢纽:图书馆现代化、网络化主要指现代通信技术、电子计算机技术、文献缩微技术、文献复印与数字化技术在图书馆中的应用。国家图书馆负有组织图书馆现代技术装备的研究、试验、运用和推广的责任,同时建立以国家图书馆为核心的图书馆网,使得全国居民都能通过这个网站获得所需要的各种文献资料。我国国家图书馆正在建设的中国数字图书馆国家中心正是这一职能的体现。

3.国家图书馆的文献需求。国家图书馆因其社会职能而对社会文献的需求极为广泛和全面,主要有以下几方面。

(1)国内出版的所有文献资料,包括各个语种、各种类型的出版物。不仅全面收集印刷型文献,还要收集非印刷型文献,如磁带、视听、缩微、光盘等。

(2)国外出版的有关本国情况的各种文献资料。

(3)国际以各种语种出版的有关世界的过去、现在和未来发展的各种文献,以及反映现代科技前沿、各主要学科先进水平的各种文献。

(4)与本国教学、科研、参考咨询相关的大型数字库。

(5)国家图书馆因其在国家文献保障体系中的重要地位和独特作用,所以采访工作量大、专业面广、技术要求高。在文献的选择方面,对于国内出版物要求尽可能收全;对于国外出版的外文文献,要有目的、有重点地精选。如我国国家图书馆(北京图书馆),对外文文献按照全面、重点、适当、不宜采选四个等级进行采选,首先考虑适合党政军领导机关、科研部门和重点生产建设单位等主要服务对象的需要;对国际机构和外国政府出版物尽力采集,使之成为本馆馆藏的一个重点。在文献的获取方面,实行呈缴本制度,积极开展文献的国际交换。呈缴本制度保证了国家图书馆能够系统、全面地收藏本国的出版物,从而形成大规模藏书,使国家图书馆能够成为名副其实的国家总书库。国际文献交换是补充国家图书馆馆藏的重要方法之一。通过国际文献交换,不仅可以获取一些难得的文献资料,同时还起到了增进各国人民之间相互了解和加强友谊的作用。

(二)公共图书馆的文献需求

公共图书馆的馆藏大多是综合性的,通常建有地方文献的专藏,一些大中型公共图书馆常设有分馆。服务对象广泛,包括各种职业、各种年龄和各种文化程度的读者。许多国家有专门的公共图书馆法,保证公民可免费获得图书馆提供的多种多样的服务,包括文献外借、阅览服务、参考咨询、文化活动(文献展览、报告会、讲座、电影、音乐会等)以及为老年人、儿童和残疾人提供的专门服务等。有些公共图书馆还对边远地区的读者开展流动服务。在我国,公共图书馆担负着为科学研究服务和为大众服务的双重任务。其中省、自治区、直辖市图书馆是所在省、自治区、直辖市的藏书、目录、馆际互借和业务研究、交流的中心,还对中小型图书馆提供业务辅导。县图书馆多为本县工人、农民、乡镇居民和少年儿童服务。大、中城市图书馆的主要任务是为城市人民群众服务,主要服务对象是城市中的各阶层居民。有些大城市的区图书馆藏书数十万册,它们在开展馆内流通阅览的同时,还到街道、里弄开办借书站和流通点,把书送到基层,并协助和指导街道图书馆(室)建立城市基层图书馆网。公共图书馆的文献需求特点体现在以下几方面:①藏书的综合性。藏书内容涉及各个学科、各种等级和各种类型。②服务对象的广泛性。公共图书馆的服务对象包括各种类型、各个阶层、各种年龄、各种文化程度、各个民族的读者。③业务活动范围的广泛性。这是由为大众服务和为科研服务的双重任务决定的。公共图书馆作为图书馆的一种类型，是以其公共性作为出发点的。同属公共图书馆，但由于馆藏文献规模、担当的社会职能、服务的区域或对象的不同，文献需求也不尽相同。省级(直辖市、自治区)图书馆由于文献收藏量大、品种多、服务功能广泛、专业技术装备强等，所以在公共图书馆系统中占有突出的地位。本文对此做重点探讨。

省级公共图书馆的主要职能：①为本地区经济建设和科学研究提供文献资源保障。省级图书馆是一个省的文献情报中心，文献收藏量属于大型图书馆之列。省馆在具备丰富、完备的文献保障前提下，通过流通阅览、馆际互借、咨询解答等服务方式，满足本地区科研、生产、建设以及一般读者对文献情报的需求；②传播科学文化知识，提高公众的科学文化水平。科学教育是所有图书馆具有的职能，而公共图书馆在这一点上表现得更加突出和明显。省级图书馆因其收藏文献数量大、品种全，对于读者尤其是青少年读者有很大的吸引力，因而在传播科学文化知识，提高广大读者文化水平方面起着重要作用；③地方文献保障中心。省馆作为本地区文献情报中心，非常重视本地区文化典籍和地方文献的搜集、整理与保存。地方文献反映着本地区政治、经济、科学、文化等方面情况，省馆全面、系统地收集这方面文献，使之成为地方文献的收藏和查阅中心，对本地区经济发展与建设起着积极的推动作用。同时，为文献资源的合理布局，建立全国性的文献保障体系做出贡献；④对下级图书馆进行业务指导。省馆在公共图书馆系统中起着承上启下的作用。省馆是本省的中心馆，承担着对下一级图书馆，即市(地)、县(区)图书馆的业务辅导工作，同时组织全省公共图书馆系统人员开展图书馆理论与业务的学习和研究。

省级公共图书馆的文献需求：①本地区出版的各类文献；②文化教育、科学普及类文献；③与经济建设、科学研究相关的各种文献；④各种类型的参考工具书；⑤经济建设、科学研究需要的外文文献。

省级公共图书馆文献需求的特点：①采访量大。省级图书馆作为地区性文献保障中心,文献保存量要达到一定的规模,因而文献采访工作量相对较大。省级图书馆既是综合性馆,又是研究性馆。其文献采访既要多品种、多类型,以满足不同读者的不同需求,又要系统、完整地对某些学科文献进行收集,以适应生产建设、科学研究的需要;②地方文献全面收集。地方文献的收藏是省级图书馆的重要任务,也是省级图书馆文献收藏的特色。对地方文献的全面收集,包括:本地区出版的各类文献、国内外有关本地区社会发展的各类出版物、反映本地区历史与现状的各种非正式出版物等;③开展本地区的协作采访。馆际合作采访是图书馆文献资源共建共享的重要一环。省级图书馆由于自身的区域位置、社会职能等因素,在馆际合作采访、促进本地区文献合理布局、提高本地区文献保障能力方面起着重要作用。

(三)高等院校图书馆的文献需求

高等院校图书馆指大学图书馆和学院图书馆。这类图书馆为本校的教学和科研服务,是高等学校的文献情报中心。由于高等院校的多样性,如综合性大学、多学科性文科院校、理工科大学、专科性院校等,各高等院校图书馆的规模、服务项目、现代化程度等都有差异。但就其性质来说,都是相同的,那就是:高等院校图书馆不仅是一个服务性的机构,而且是一个教学与科学研究的重要学术性机构。完备、高效的图书馆已成为建设现代化大学的必要条件。

1.高等院校图书馆的主要职能。主要包括:①根据学校的性质和任务,采集、组织、收藏各种形式的文献资料,为教学、科研提供文献资源保障。为教学和科学研究服务是高等院校图书馆的工作重点。高校图书馆的文献组织、管理、服务工作紧密围绕着本校的专业设置、培养目标、教学计划、科研项目进行,以满足教学和科研对文献信息的需求;②开展情报服务工作。情报服务是高等院校图书馆的一项重要职能。高校图书馆一方面开展读者教育,培养师生的情报意识和利用文献情报的技能。另一方面开展参考咨询和情报服务工作,开发文献情报资源;③素质教育的阵地。高等院校图书馆不仅拥有丰富的专业文献,而且注意采访有利于读者全面发展的各种优秀出版物,使图书馆成为学生的第二课堂,成为对学生进行素质教育的重要阵地;④全校文献信息中心。高校图书馆作为全校的文献情报中心,不只是拥有文献情报的数量和多样化的服务功能,而且还拥有统筹、协调全校文献情报工作的能力。一般高校的系(院、所)都设有资料室,为本系师生服务。学校图书馆与各系(院、所)资料室组成了一个较为紧密的全校文献情报网络。校图书馆在这个网络中起着中心和指导作用。

2.高等学校图书馆的主要任务。高等学校图书馆是设在高等学校内,主要为本校师生服务的图书馆。根据本校教学和科研需要,收集、整理各种文献信息资源,使广大师生能够更好地利用它们,并且兼有学术性和服务性,是学校的文献信息资源中心。

高等学校图书馆的主要任务有以下几方面:①根据学校的性质和任务,有选择地采集各种类型的文献信息资源,用科学的方法对它们进行分类编目与管理,为教学、科学研究提供文献信息资源;②以教师和学生为主要服务对象,提供多种信息服务。主要有图书借阅服务,为教师指定参考书并设有专门的教师阅览室,同时还为师生建立一个开放式的网络化环境;③开展用户培训教育,培养师生的信息需求意识和利用文献信息的技能。我国现在有条件的大学都为学生开设了"计算机文献信息检索与利用"课。还为师生讲授有关计算机方面的知识,教授他们如何利用计算机上网来查找文献信息资料,使读者提高了查找文献信息的能力;④开展馆际协作活动;⑤开展培训图书馆馆员业务学习;⑥统筹、协调全校的文献信息资源工作。

1956年,高等教育部曾拟订了《中华人民共和国高等学校图书馆试行条例(草案)》。总结了中华人民共和国建立后高等学校图书馆工作的经验,对高等学校图书馆的性质、任务及组织机构等问题做了明确的阐述和规定。1981年,教育部又对其进行修订,正式颁布了《中华人民共和国高等学校图书馆工作条例》。1987年对该《条例》再次修订并改名为《普通高等学校图书馆规程》,由教育委员会重新颁布。《规程》共6章36条,包括:性质和任务,业务工作,领导体制和组织机构,工作人员,经费、馆舍、设备,附则。

《规程》指出:"高等学校图书馆是学校的文献情报中心,是为教学和科学研究服务的学术性机构,图书馆工作是学校教学和科学研究工作的重要组成部分"。《规程》规定的高等学校图书馆的主要任务是:①采集各种类型的文献资料,进行科学的加工整序和管理,为学校的教学和科学研究工作提供文献情报保障;②开展流通阅览和读者辅导工作;③开展用户教育,培养师生的情报意识和利用文献情报的技能;④开发文献情报资源,开展参考咨询和情报服务工作;⑤统筹、协调全校的文献情报工作;⑥参加图书情报事业的整体化建设:开展多方面协作,实行资源共享;⑦开展学术研究和交流活动。

3.高等学校图书馆的特点。

(1)读者需求稳定性:由于高等学校主要是向学生系统地传授专业知识,教学内容具有相对稳定性,加上专业设置和教学计划一般也比较稳定,因此读者对教学参考书的品种和数量的需求是经常性的、比较稳定的。

(2)读者用书集中性:由于教学按教学计划、教学大纲进行,有统一的进度,读者用书具有较强的集中性:①用书的品种集中于正在进行教学的有关课程的主要参考书刊上;②读者对教学参考书的用书时间集中。为此,图书馆对需求量大的参考书一般都保证一定的复本量。

(3)文献资源建设专业性:高校图书馆文献的收集和组织管理须适应本校的特点。在文献收集上以本校专业设置和科学研究项目为依据,全面收藏专业文献,重点收藏相关学科和边缘学科文献,适当收藏一般文献。藏书要能反映当代科学发展水平。在组织管理上可根据本校情况划分为文科、理科书库及阅览室,也可按专业组织藏书和划分阅览室,还可按教师、研究生、大学生分别设置阅览室或图书馆(分馆)。在美国等西方国家,高等学校图书馆考虑到本科生与研究生、教师在文献需求和利用上的区别,常单独设立本科生图书馆,集中收藏那些利用率较高、复本较多的常用教学参考文献。这样做的优点是使不同读者分流,减少相互间干扰,提高图书馆工作效率。

(4)校、院(所)、系图书馆(资料室)协调配合:学校图书馆与系(院、所)图书馆(资料室)须互相配合,各负其责。总图书馆一般收藏各个专业的基本理论著作,各科综合性、交叉、边缘与新兴学科的文献和各种参考工具书,并适当收藏供课外阅读的书刊。系(院、所)图书馆(资料室)主要收藏专业资料,尤其是较专深的专业资料和各种工具书。

4.高校图书馆的文献需求。主要包括:①与本校教学相关的各种文献资料;②本校科学研究必备的各种文献情报;③与学生素质教育相关的各种优秀读物;④教职工需要的其他读物。

5.高校图书馆的文献需求特点。

(1)经费充足,采访工作量大:高等学校对图书馆的建设一般都比较重视,文献资料作为高校办学的三大支柱(师资、教学设备、文献资料)之一的认识逐步得到了强化。高等学校图书馆的现代化含量高于全国图书馆的整体水平。高校图书馆的文献采购量较大:①适应高校各专业设置的需要;②学生读者需求量大;③文献使用率较高,缩短了文献更新和补充的周期;④学校对图书馆的重视,采购经费较充裕。

(2)读者稳定,计划性强:高等学校图书馆的读者对象主要是学生和教师,读者需求相对稳定。由于高校的教学任务主要是向学生系统地传授专业知识,其课程、内容、体系等相对稳定,而专业设置和教学计划也有一定的稳定期。因此,读者对教学参考用书的品种和数量的需求也是比较稳定的。这种稳定性要求图书馆的文献采访工作须提高自身的计划性,合理安排采访文献的品种、数量和时间,以适应和满足教学进度的要求。

(3)文献专业性、学术性要求高:高等学校图书馆的一切工作都围绕着本校教学和科研这个中心,对与本校设置各专业相关的文献全面采访,对相关学科和边缘学科文献重点采访,对一般文献适当采访。高等院校图书馆还非常重视对某些基础理论、尖端科学和不同学派、不同观点的学术著作的采访。更要重视专业性期刊的采访。

(四)科学和专业图书馆的文献需求

科学、专业图书馆属于专门性图书馆,往往同时是本专业的信息中心,即图书馆与中心一体化。这种专门图书馆,是依靠一些专门人才及其所掌握的专业知识,用科学的方法搜集、整理、保存、提供信息资料的机构。科学、专业图书馆以科学研究人员和工程技术人员为读者对象,以专、深、新、精的文献为科学研究和生产技术开发服务的图书馆。

第三章 文献资源建设

在我国,科学、专业图书馆的种类多、数量大、馆藏文献专深,是直接为科学研究和生产技术服务的图书馆。科学、专业图书馆是按专业和系统组织起来的,在一个专业或系统内,形成了一个上下沟通、联系紧密的图书馆体系。

1.科学、专业图书馆的类型。科学、专业图书馆的类型很多,有综合性的,也有专科性的。在我国,科学专业图书馆主要包括中国科学院系统图书馆、中国社会科学院系统图书馆、中国农业科学院系统图书馆、中国医学科学院系统图书馆、中国地质科学院系统图书馆、中医研究院系统图书馆、政府部门所属研究院(所)图书馆、大型厂矿企业的技术图书馆以及其他专业性图书馆。

在科学、专业图书馆中,历史较久、规模较大的中国科学院文献情报中心、中国农业科学院文献信息中心、中国医学科学院医学情报研究所、中国中医研究院中医药信息研究所等,都是本系统的中心图书馆,在外文书刊的采购、文献调拨、编制联合目录、馆际协作、图书馆自动化、干部培训等方面,起着组织和推动的作用。

2000年7月28日,以中国科学技术信息研究所为首,联合机械工业信息研究院、冶金工业信息标准研究院、中国化工信息中心,采用虚拟方式组建的国家工程技术图书馆在京宣告成立。国家工程技术图书馆是国家科技图书文献中心的重要组成部分,是国家科技图书文献中心的四个国家级专业图书馆之一。其宗旨是:根据国家发展需要,科学、完整地收藏工程技术领域的科技文献信息资源,运用先进技术手段,加速文献信息的加工利用,面向全国服务。

2.科学、专业图书馆的性质和任务。国外有些科学图书馆是公共性质的专业图书馆,主要任务是为科学研究服务,广泛开展科学信息活动,收集和提供最新信息资料。在我国,科学、专业图书馆都不是公共性质的,而是隶属于各类科学研究机构。

科学、专业图书馆是我国图书馆体系的一个重要组成部分,在为科学研究服务方面起着"耳目""尖兵"和"参谋"的作用。该类图书馆所担负的主要任务有以下几点。

(1)紧密结合本系统、本单位的科研方向与任务,搜集、整理、保管和提供国内外科技文献,为科学研究和生产技术服务。

(2)积极开展信息的调研和分析,摸清各研究课题的国内外发展水平和趋势以及有关的指标、参数,不断向科研人员和领导部门提供分析报告和有科学价值的信息资料。

(3)组织本系统科技信息交流,协调本系统文献信息刊物的编译出版,宣传报道国内外的最新科学理论和技术。

(4)加强文献信息工作协作的组织工作和业务辅导,做好本系统的文献信息资料调剂、工作经验交流和干部培训等工作。

(5)开展文献信息理论、方法和现代化手段的研究。

3.科学和专业图书馆的文献需求特点。科学、专业图书馆在规模上有所不同,在馆藏文献范围上有综合性和专科性的区别。但是从类型上考察,它们具有一些共同特点。

(1)文献信息一体化:文献信息一体化是科学、专业图书馆的特点之一。文献与信息本来都共存于图书馆之中,二者存在着密切的内在联系。图书馆是收藏、管理和传播书刊文献资料的知识宝库,科技信息单位是提取、研究和加工书刊文献资料所含信息的服务中心。二者都是以文献信息为工作对象,都是采用从搜集到利用的技术方法,都服务于同一个对象——读者或用户,都是为了达到继承人类知识成果这个共同的目的。尽管图书馆工作与科技信息工作在为科学研究服务的广度、深度、方式和手段等方面还存在着某些差异,但是它们在工作内容和工作方法上具有相似的程序,即重视科技文献信息的搜集、加工、分析、报道、检索和提供。

(2)服务方式多样化:服务是一切图书馆的共性,而服务方式多样化则是科学、专业图书馆的特点。科学、专业图书馆的服务方式早已突破单一的借阅形式,重点在于各种信息服务项目,如开展文献信息定题跟踪报道、受理大宗的专题回溯检索、科技查新、编制各种推荐性和参考性的书目索引等。

(3)馆藏文献专业化:科学、专业图书馆的馆藏文献大都反映出学科专业性。学科的基本理论著作,特别是最新科学著作是收藏的重点。所藏国外文献占有较大的比重,其中又以国外期刊为重点。凡与本单位科研方向和任务有关的文献信息资料均力求系统搜集,本门科学的相关学科的文献信息资料也根据需要予以搜集。对于能够成为信息源的文献资料很重视,入藏量也较大。由于这部分文献资料老化周期短,因而馆藏新陈代谢较快。

(4)用户知识专深化:科学、专业图书馆的服务对象,主要是本系统、本单位的科研和工程技术人员。根据科研工作的特点,文献信息工作必须走在科研工作的前面,要求广、快、精、准地提供文献信息资料,发挥科研工作的耳目、尖兵和参谋的作用。为此,要求文献信息人员加强信息分析研究,掌握国内外的专业研究水平、动向以及科研人员的实际需要,紧密配合科研任务,采取多种方式提供有效的服务。此外,科学、专业图书馆的用户具有比较专深的专业知识和一定的外语水平,他们的研究课题专业性强,对书刊文献资料的要求较全面系统,外文文献所占的比重大,要求图书馆的工作人员必须具有较高的专业知识、外语水平和文献信息知识水平。

(五)专门图书馆的文献需求

专门图书馆指收集和组织专门领域的文献,为特定读者群服务的图书馆。包括机关图书馆(立法机关和政府机关等)、研究机构图书馆、公司企业图书馆、事业单位图书馆、军事单位图书馆、医院图书馆、宗教图书馆等。专门图书馆门类多、数量大、分布广、藏书专,既有综合性的,也有专科性的;既有大型的,也有中小型的。其中,研究机构图书馆占有重要位置。在我国,较为重要的研究机构图书馆有中国科学院文献情报中心、中国社会科学院文献情报中心、中国农业科学院图书馆、中国医学科学院图书馆等。专门图书馆虽然门类多样、规模不一,但仍有一些共同之处。

1.专门图书馆的主要职能。

(1)紧密结合本单位或本系统的工作任务,收集、组织、储存各种文献资料,保障本单位各项工作,如科学研究、生产建设、政策咨询等对文献情报的需求。向本单位或本系统读者提供各种文献服务,满足读者对文献的需求。

(2)开展科学情报服务。科学情报服务是专门图书馆的重要职能,对于科学研究机构图书馆来说尤其如此。具有一定规模和能力的专门图书馆一般都结合本单位单个或多个研究领域,调研国内外科学技术发展的情况和趋势,收集、分析国内外科学情报,不断向科研人员和领导部门提供分析报告和有科学价值的情报资料。

(3)组织科学情报交流,宣传报道国内外最新科学理论和技术,编译出版相关的刊物,以此推动本单位、本系统或本专业科学研究的发展。

2.专门图书馆的文献需求。主要包括:①本单位、本系统科学研究、生产建设、政策咨询必备的各种文献资料;②与本馆文献收藏专业相关的各文献资料;③本馆开展文献情报服务所需的各种文献情报;④本单位读者对文献资料的特殊需求。

3.专门图书馆的文献特点。专门图书馆一般收藏有关某一领域如自然科学、社会科学、农业、医学、工程、法律等学科的文献资料。其采访文献的特点是"专""新""精""全"。

所谓"专",指专门图书馆采访文献的专业性。专门图书馆在采访时严格按照本单位科研、生产的需要进行,其文献选择目标明确,具有明显的专业特征。

所谓"新",指专门图书馆采访文献追求快和新。要求采访的文献能够快速反映国内外最新科学理论和科技成果。科学研究机构图书馆对国外的文献情报特别重视,其外文资料和连续出版物的采访比重较大。

所谓"精",指专门图书馆在文献选择时要求高。专门图书馆的采访重点是专业性文献,要求采访人员懂专业,精选本专业的各种文献,严格文献的收藏标准。

所谓"全",指专门图书馆对本专业的文献力求收全。凡是本单位、本学科、本专业需要的文献,不论文献类型,都要尽可能收全。为保证馆藏的完备性,专门图书馆一般都比较重视文献的交换工作,通过交换获得一些难得的文献。

(六)其他各类图书馆的文献需求

1.工会图书馆。工会图书馆是工会组织举办的群众文化事业,是向职工进行思想教育的重要阵地,也是职工学习政治、学习科学文化知识的场所,对于提高广大职工的思想、科学文化水平起着重要的作用,是公共图书馆网的组成部分。

工会图书馆的主要服务对象是所属系统、地区或单位的职工、干部及其家属。基本任务是:利用图书报刊,帮助职工学习马克思列宁主义,向职工进行时事政策教育,并帮助职工获得科学、技术、文学、艺术等方面的知识,提高职工的政治、文化、技术水平,以促进职工积极地参加国家的社会主义建设事业。

2.少年儿童图书馆。少年儿童图书馆是为少年儿童服务的图书馆。广义上包括独立设置的儿童图书馆和在一些公共图书馆设立的少年儿童分馆或少年儿童阅览室及服务部。宗旨是提供图书资料,满足少年儿童学习文化知识和促进智力发育的需求。

(1)收集和提供适合儿童读者的文献(如儿童读物、声像资料、图片、动画片、幻灯片等)。

(2)根据少年儿童的年龄和文化程度,考虑儿童读者利用图书的特点,注意根据其兴趣、爱好和愿望,开展灵活多样的服务。例如,可采取故事会、朗诵会、书评会、与作者见面会、图书与艺术品展览、读书读报征文、智力竞赛、图书灯谜游戏、文艺集会等多种形式的活动,吸引儿童读书和利用图书馆。

(3)重视对儿童进行阅读指导,帮助他们掌握利用图书和图书馆获取文化科学知识的能力,养成良好的阅读习惯,独立地使用图书馆。

(4)图书馆的全部活动都是围绕着"组织、引导小读者多读书、读好书"这个中心开展,重视对图书的评价、推荐和介绍等。

3.军事图书馆。军事图书馆是为军人服务的图书馆。是一个多层次的系统,上至最高指挥机关和各军兵种图书馆,下至连队图书馆(室)。军队图书馆有以下几种类型。

(1)军事机关图书馆:指各总部、各军兵种、各级指挥机构设立的图书馆,为各级指挥员和机关官兵服务。文献需求以军事理论、军事技术和一般文化科学著作为主。

(2)军事科学图书馆:指各总部、各军兵种设立的各级军事、政治、后勤、技术等研究机构的图书馆。为有关科研、工程技术人员服务。文献需求是专门化的,服务比较专深,图书馆员在该学科方面受过专门训练。

(3)军事学校图书馆:包括各总部、各军兵种、各级军事指挥机关设立的高等学校、中等技术学校等所附设的图书馆。服务对象是教员、学员、干部,文献需求以教科书、教学参考书与军事科学研究著作为主。

(4)部队医院图书馆:文献需求主要是医学图书和期刊,担负着为医疗和科研服务的任务。

(5)连队图书馆:这是指团以下单位所设的俱乐部图书室。面向连队,面向基层,为广大官兵服务,文献需求以提高全军科学文化素质、掌握军事先进技术、增强战斗力、活跃军队文化生活的文献为主。

第三节 微观文献资源建设的任务和原则

一、微观文献资源建设的基本任务

(一)确定微观文献资源建设的基本任务依据

确定微观文献资源建设的基本任务依据是具体图书情报机构的任务和服务对象,以及宏观文献资源建设的要求。具体图书情报机构都有着不同的任务和服务对象。因此,其文献资源建设的任务也就不一样。例如,高校系统图书馆的任务是为本校的教学和科研服务,服务对象主要是本校的师生和科研人员,其文献资源建设就应根据本校专业设置和科研方向的要求,去规划、补充、组织、复选与剔除那些本专业及与本专业相关的文献,以满足本校师生和科研人员的需求。科研系统图书馆的任务是为本研究单位的科学研究服务,服务对象是本研究单位的科研人员,其文献资源建设就应根据本研究单位的科研方向,去规划、补充、组织、复选与剔除那些符合本研究方向及与之相关的文献,以满足本研究单位科研人员的需求。地方公共图书馆的主要任务是为本地区的科研、教育、文化及经济建设服务,服务对象主要是本地区的科研人员、教师、干部、工人等,其文献资源建设就应根据本地区用户的需求特点,去规划、补充、组织、复选与剔除那些适应本地区用户需求的具有地方特色的文献,以满足本地区用户的需求。这种任务和服务对象的特殊性,决定了具体图书情报机构文献资源建设任务的特殊性,要求必须形成独具特色的馆藏文献资源体系,才能满足本单位用户的需求。与此同时,具体图书情报机构还应从大局出发,根据宏观文献资源建设的规划要求,积极承担应该收藏的那一部分文献资源的任务,以利形成文献资源的整体优势,满足本单位以外社会用户的部分需求。

(二)微观文献资源建设的基本任务

从以上分析确定微观文献资源建设任务的依据上可以看出,微观文献资源建设的总任务应是依据具体图书情报机构的任务和服务对象需求的不同,以及宏观文献资源建设规划的要求,去建立具有一定特色的馆藏文献资源体系,以满足本单位用户及社会用户的部分需求。

二、微观文献资源建设的基本原则

文献资源建设工作是一项系统工程,无论是宏观建设还是微观建设,都由诸多环节组成。就微观建设而言,就有文献资源规划、选择、收集、整序、组织管理和评价等环节。因此,在进行文献资源建设的过程中,一定要遵循一定的原则。

微观文献资源建设原则是其客观规律的反映,是其自身实践的科学概括和总结。微观文献资源建设原则随着时代的发展而发展,因而微观文献资源建设原则就具有明显的时代性。在当前,这种时代性要体现在符合微观文献资源建设自身发展和为社会主义物质文明建设、精神文明建设服务的要求上。

文献资源建设工作应遵循的基本原则主要有:思想性原则、实用性原则、系统性原则、经济性原则、区域性原则、特色化原则。无论是单一机构的文献资源建设,还是多机构联合建设,乃至地区和国家的文献资源建设,都必须遵循这些原则。这些原则不仅符合文献资源建设的发展规律,而且符合我国文献收藏机构建设的发展方向。

(一)思想性原则

1.遵循思想性原则的必要性。

(1)时代要求遵循思想性原则:现在,我国在进行社会主义物质文明建设的同时,强调要加强社会主义精神文明建设。在社会主义精神文明建设的过程中,图书情报机构担负着为社会主义精神文明建设服务的光荣任务。图书情报机构为社会服务的物质基础是馆藏文献资源,而馆藏文献资源是通过图书情报机构自身的文献资源建设获得的。这就要求图书情报机构应适应社会主义精神文明建设的要求,收藏那些有利于树立人们正确的世界观、人生观、价值观和形成良好社会公德的文献,并要充分发挥馆藏文献资源对人们自觉坚持四项基本原则,实行改革开放,把国民经济搞上去的作用,以体现微观文献资源建设为社会主义精神文明建设服务的思想性原则。

(2)客观现实要求遵循思想性原则:近几年,由于受各种因素的影响,个别出版社和个人非法出版、发行了一些不利于人们身心健康的出版物。如果让这些出版物进入图书情报机构,对用户造成的不良后果是可想而知的。为此,必须以正确的思想为指导,对这些出版物是否应该入藏做出正确的抉择。这本身就是思想性的体现。因此,社会的客观现实也要求微观文献资源建设遵循思想性原则。

2.怎样遵循思想性原则。

(1)重视指导性文献的收藏:指导性文献是指对社会主义物质文明建设和精神文明建设及人们的言行有指导意义的文献。首先,不同类型的图书情报机构要系统或较系统地收藏马列主义、毛泽东思想的经典著作及党和国家重要领导人的著作。其次,要收藏党和政府制定的法律文献。对于社会科学的专业图书情报机构来说,除应系统收藏以上文献外,还要收藏一些与本专业相关的思想性强的文献。如财经专业图书馆,应收藏哲学、政治经济学、中共党史等方面的文献,因为这些文献有利于使人们更好地理解社会主义的基本原理、经济规律和各项经济政策,有利于指导各项经济活动。但在收藏指导性文献时,要防止搞形式主义。对中小型图书情报机构来说,应根据条件和用户需求,收藏指导性文献的品种和复本不宜过多,应重点收藏指导性文献中的指导性读物。对大型和专业性图书情报机构来说,收藏指导性文献的品种要多一些,但复本也不宜过多。

(2)积极收藏优秀文献:在众多的社会科学文献中,有大量学术价值、艺术价值高的上品,但也不乏思想内容平淡,无多少学术价值、艺术价值和欣赏价值的次品。即使在自然科学的文献中,也有学术价值低下,甚至是反科学的文献。上品文献和次品文献对人们所起的作用不同。如一部好的文学作品,可以陶冶人们的思想情操,而一部差的文学作品,可以使人颓废。因此,文献采选人员就要通过慎重选择,收藏那些有利于提高人们科学文化知识和思想水平的优秀文献。

(二)实用性原则

1.实用性原则的意义。实用性原则又称针对性原则,是指图书情报机构从用户的实际需求出发,去进行文献资源建设,以最大限度地满足用户对文献的需求。

"重藏轻用"一直是我国传统的微观文献资源建设的指导思想。所以,庞大的馆藏文献资源规模,丰富的珍本善本,一直是各类型图书情报机构追求的神圣目标,并且也成为人们评价一个图书情报机构工作水平高低的唯一标准,而对馆藏文献资源到底满足了用户多少需求则十分淡然。当代图书情报机构固然也有保存人类文献资源的职能,但已不是其主要职能。这是因为图书情报机构保存文献资源的最终目的在于利用,而只有保存有实用性的文献资源,才能被充分利用。从这个意义上说,确立实用性原则,就是要彻底更新"重藏轻用"的传统观念,使馆藏文献资源具有很高的实用性,以最大限度地满足用户对文献的需求。

2.实用性原则的内容。对于现代图书馆来说,文献资源建设工作首先确定的应是实用性原则,图书馆对人类文化知识的保存,是为了让它在读者中得以利用,在利用中实现人类文化知识的价值和图书馆文献资源建设的价值,从而满足读者对文献的需求,最终实现图书馆的社会效益。"藏以致用"是现代图书馆区别于古代藏书楼的最大特点。

3.实用性原则的要求。

(1)符合专业方向的要求:不同类型的图书情报机构,有着不同的专业方向。或是综合性的,如各级公共图书馆、综合性大学图书馆等;或是专业性的,如专科高等院校图书馆,专业性、科研性图书情报机构。它们都应根据各自的专业方向来收藏与专业相关的文献资源,这样才能与本单位的专业相符,完成应该承担的任务。

(2)符合用户的需求:不同类型的图书情报机构都有特定的用户,应根据用户的需求,去收藏所需要的文献。根据图书情报机构的具体任务,可把用户分为重点用户和一般用户。如高校图书馆的重点用户是教师和学生,专业性、科研性图书情报机构的重点用户是科研人员和工程技术人员等。由于各种成分用户的知识水平、专业特长、年龄结构等的差别,他们对文献的需求也就有差别。图书情报机构就应首先依据这些重点用户的需求,去收藏文献。同时,也要兼顾一般用户对其他文献的需求。

(3)符合具体任务的需求:图书情报机构往往在某一具体的时间内有着具体的任务,并且这些具体的任务随时可能发生变化。为了保证这些具体任务的完成,图书情报机构就要力求向用户提供最新、最急需的文献,以及时为社会的科研、生产、教学服务。

上述要求体现了"藏为所用"的目的,是不同类型图书情报机构必须遵循的原则。

(三)系统性原则

系统性原则是在实用性原则的前提下展开的。系统性原则包括两方面的含义:一是指重点文献收藏的系统性、完整性。二是指所有文献收藏的学科系统性、有机连续性、比例合理性、结构体系科学性。

图书馆文献收藏是由相互联系、相互依赖的诸多元素组成的具有特定功能的有机系统,图书馆通过长年的积累和不断地科学加工整理,形成了一个科学的知识体系,这个知识体系反映的学科知识,也在不断地完善和提高,逐步形成一个完整的学科系统。因此,图书馆的文献资源建设必须遵循系统性原则,这是建设高质量文献资源体系的重要保证。

(四)特色化与协调原则

特色,是事物独特风格的表现,是一事物区别于其他事物的显著特征。文献收藏的特色,是文献收藏机构根据本身的任务,在多年文献收集的实践中,形成了独具特色的文献资源收藏体系。

特色化文献收藏意味着依据图书馆类型、任务、收藏范围、读者对象等特点,对文献收集采取区别对待的态度,使图书馆文献资源从内容到结构能最大限度地满足读者的实际需求。

特色化文献收藏包括:文献学科专业特色、文献地域特色、文献类型特色、文献语种特色、文献载体特色、电子文献和网络文献特色等。

网络环境下文献信息资源的特色化建设更显重要。要摒弃"小而全""大而全"的传统图书馆文献资源建设模式。网络时代图书馆必须加强特色信息资源的建设,特色化将是图书馆的生存之本。如果某一个图书馆的信息资源被特定网络中其他成员馆的信息资源全部覆盖或最大限度地覆盖,则生存价值就会大打折扣,甚至失去生存价值。

(五)经济性原则

我国政府非常重视文化事业的建设,提出了"科教兴国"的发展战略,逐步加大了对文化事业建设的投资额度。但由于我们国家并不富裕,对图书馆事业的投资相对于全国人口的实际需要来说,是非常有限的。因此,文献资源建设工作必须坚持经济性原则,把有限的经费利用好。

图书馆进行文献资源建设遇到的最大难题就是资金短缺。图书馆普遍都感到经费紧张。图书馆的购书经费来源于政府拨款,但是受到经济发展水平、人口数量等因素的影响,图书馆的购书经费相对于图书馆事业的发展、读者的需求、图书价格上涨等因素来说,是比较匮乏的。

图书馆要大量收藏信息含量高的文献,在满足绝大部分读者需求的原则下,以较少的经费求得最好的实际效用。目前,许多电子出版物文献信息含量大而价格低廉,这无疑给那些计算机硬件设备较完备的图书馆带来了一个用较少的钱采集内容含量更多的电子读物的机会。

(六)区域性原则

区域性原则在许多方面表现为图书馆藏书的地方特色。馆藏文献资源的地方特色是一个图书馆的馆藏文献资源区别于其他图书馆馆藏文献的主要特征。尤其是公共图书馆,应根据本地区的地理、历史、经济和文化特点,将有关本地区的正式和非正式出版的文献资料完整、系统地收藏从而形成特色,包括地方史料、地方名人的著述及他们的传记、地方出版物。地方文献是各图书馆,特别是公共图书馆为本地政治、经济、文化、科学、教育各项事业服务必不可少的物质基础。因此,各公共图书馆应重视并积极做好地方文献资源的收集工作。

(七)合作与协调原则

网络环境下,各图书馆不再是单独的个体,单独的图书馆也没有生存的空间。各图书馆之间是有机联系的整体。没有合作与协调,文献信息资源共享将不可能。计算机技术、网络技术、通信技术的发展,为图书馆加强合作与协调提供了越来越便利的条件。图书馆现在要做的是从根本上转变观念,以合作与协调理念为行动指南,积极参与图书馆网络建设。我们的目标是在地区性图书馆网络的基础上,建立全国性的图书情报网络。如APTLIN,即中国科学院、清华大学、北京大学图书情报网络,成为我国第一个运行在高速计算机网上的地区性网络。全国性图书馆网络建成后,将更好地实现文献资源的整体化建设。另外,国家要从宏观上统一规划、统一协调,国家图书馆等中心图书馆和各省市图书馆要学会起协调作用,推动国际、国内图书馆之间合作。网络环境下的文献资源建设是一项复杂的系统工程,不仅需要耗费巨资,还要有较强的技术力量。因此只是图书馆之间的合作是不够的,还需要与计算机公司、信息公司、政府部门等机构合作,实现资源的重组和整合。

(八)共建与共享原则

网络中的图书馆可以也应该共建信息资源和共享信息服务,网络图书馆的实质就是文献信息资源的共建和共享。各图书馆在合作与协调的基础上,达成文献信息资源的共建与共享协议。只有这样,才能发挥文献信息系统的最大效益,提高文献资源的保障率。CALIS(中国高等教育文献保障体系)为我们提供了很好的范例:共知、共建、共享。中国国家试验型数字图书馆计划也是多馆合作共建共享。该计划有北京图书馆、上海图书馆等参与,完成后将在网上建立多馆合作的数字图书馆网页。各地区文献资源共建共享工作也在开展。上海图书馆召开了2000年上海市文献资源共建共享工作会议,同时"上海市文献资源共建共享协作网"主页开通。各馆要本着合作精神,明确各自的权利和义务,分担建库的人力、物力、财力,共享所得的利益,建立文献信息共建与共享机制。

第四节 宏观文献资源建设的基本任务和布局

一、宏观文献资源建设的基本任务

(一)确定宏观文献资源建设的基本任务依据

确定宏观文献资源建设的基本任务依据是社会对文献资源的需求和图书情报事业发展的要求。

1.社会对文献资源的需求。随着科学技术的发展,知识迅速增值,文献数量剧增,社会已进入信息时代,随之,人们对文献资源就提出了更高的要求。过去,科技人员只要有本学科的书刊就可进行研究工作,而现在他们除必须阅读大量本学科的文献以外,还要阅读相关学科甚至非相关学科的文献,不但需要阅读印刷型文献,而且必要时还要去阅读非印刷型文献。社会用户这一阅读行为的深刻变化,向图书情报机构的文献资源建设提出了更广泛的要求,而有限的馆藏文献资源就与用户对文献的多方面的需求发生了矛盾。并且,由于书刊价格的大幅度上涨和图书情报机构普遍的购书经费短缺,致使文献资源入藏量减少,就更加剧了这种供需矛盾。这种矛盾的解决单靠具体图书情报机构的文献资源建设是远远不够的,这是因为任何一个具体图书情报机构都无法将所有文献资源收藏齐全。这就要求在统一的规划下,通过图书情报机构之间的相互协作,形成文献资源的保障体系,实现文献资源共享,才能满足社会对文献资源的需求。这种社会对文献资源的需求,就成为确定宏观文献资源建设任务的重要依据。

2.图书情报事业发展的要求。现在图书情报事业正在向着整体化的方向发展,而图书情报事业整体化就包含着宏观文献资源建设的内容。例如,图书情报事业中的网络化就要求网络中的图书情报机构应拥有相互的文献资源,这是网络所属的主要资源,并要实现文献化。再如,图书情报事业中的图书情报机构之间资源共享的协作内容就包括完成文献资源合作采购与交换,进行馆际互借,编制馆藏文献资源联合目录,开展文献资源复制等宏观文献资源建设的具体任务。图书情报事业发展对宏观文献资源建设的要求,决定了在确定宏观文献资源建设任务时,必须依照图书情报事业发展对宏观文献资源建设的要求为重要依据,这样才能做到宏观文献资源建设与图书情报事业同步发展。虽然我国现在还没有制定图书情报事业的整体发展规划,但现实却表明了我国图书情报事业正在向着整体化的方向发展,如成立了部际图书情报工作协调委员会,某些地区和系统的图书情报机构进行了协调发展等。这些都要求我们去适应这种形势,并以此作为确定宏观文献资源建设任务的重要依据。

(二)宏观文献资源建设的基本任务

1.寻求形成文献资源保障体系的途径。为了满足社会对文献资源的需求,就必须通过一定的途径,去逐步形成满足社会用户需求的文献资源保障体系。文献资源整体布局是逐步形成文献资源保障体系的最好途径。因此,通过文献资源整体布局逐步形成文献资源保障体系就成为宏观文献资源建设的基本任务之一。

2.提出充分利用文献资源的措施。通过文献资源整体布局逐步形成了文献资源保障体系后,文献资源保障体系中的文献资源若得不到充分利用,文献资源保障体系也就失去了存在的意义。为此,采取相应的措施,充分利用文献资源就显得十分重要。实现文献资源共享是充分利用文献资源的最好措施。这是因为实现文献资源共享不但与文献资源整体布局相适应,而且也符合图书情报事业整体化发展的要求,也就成为宏观文献资源建设的基本任务之一。宏观文献资源建设的两项基本任务,反映了文献资源收藏与利用不可分割的密切关系,二者都应充分重视。

二、宏观文献资源建设布局

20世纪80年代,中国图书馆和情报界对此进行了大量的研究与实践,提出了多种布局方案,但尚无一致的见解。为达到文献资源建设目标,需要确定一种适当的布局模式,以求实用、经济地满足需求。布局模式的确立取决于国家或地区规模、需求状况、交通和通信条件、经济条件、文献情报事业的水平及历史沿革等。国际图书馆协会和机构联合会的"世界出版物收集与利用"(UAP)计划办公室于1982年发表了J·科林斯和R·芬纳两人的研究报告,该报告将已有的文献信息资源布局模式归纳为以下5种类型。

(一)模式A

模式A就是集中型,以一个或几个大型文献信息机构为主,作为重点集中型单位,形成第一保障体系,以满足国家或国家集团对重要文献信息需求的85%,专业研究型文献机构则起辅助作用。英国的文献布局模式大致属于这种类型,以不列颠图书馆文献供应中心为核心,可满足需求的90%以上。无力满足的需求再转给专业图书馆承担,国内不能满足的则利用国外文献资源。

(二)模式B

模式B就是分散型,以各地区为基础体系,形成若干个各地区的中心单位,以中心单位为最后保障。这个模式比较适合联邦制国家、国内不同地区使用不同语言的国家以及地域广、交通和通信条件差的国家。特征是将大型的图书馆和文献机构都包括在体系之内,基层单位不能满足的需求,先就近求之于这些大馆。以地区内满足需求为重点,如不足再转至其他地区,最后转至作为最后保障的中心单位。中心单位通过法定的出版物呈缴制度获得全套国内出版物,可供查阅、复制,同时致力于采集边缘文献信息资料(非核心文献)、需求不高的期刊、灰色文献(无法从正常购买途径得到的文献)、非书资料等,目的是收全本系统中其他地方不能提供的学科文献,国外文献信息资料往往占很大比重。中心单位的经费要得到国家的充分保障。

(三)模式C

中型的国家专业图书馆,是由几个专业图书馆为中心组成的系列,以满足国家大多数的研究需求。例如,由国家图书馆负责采集论及本国的全部文献,并专门收集艺术和人文科学方面的资料;另有几所专业图书馆分别收集社会科学、自然科学、技术科学或某种类型的文献资料。在采用这种模式的国家,出版物呈缴制度中要规定至少呈送两册(件),分别给国家图书馆和相应的专业图书馆,专业的分工协调由国家图书馆主持进行。专业图书馆的经费大部分由国家拨给,也有小部分来源于用户付的咨询费等。

(四)模式D

多馆分工负责制。在已有较多中等规模的图书馆、有馆际互借、资源共享传统的国家,可以不建新的中心,而实行多馆分工负责制的模式。其做法是:选择现有基础较好的若干图书馆,分别确定其收集文献的学科范围或文献类型,赋予这些图书馆为全国服务的义务与责任,创造条件加强和利用这些图书馆。按该模式要求有25～50个图书馆参加,每一个馆致力于某一学科或类型文献的收集,以扩大全国的收藏,特别要把可能遗漏的资料收集起来。实行这一模式,要有较好的图书馆馆藏及共享基础,要有一个强有力的管理或协调机构,承担组织协调、任务分配、监督评估和经费分配的任务,一般应是有高度的权威和必要的经费保证的实体。

(五)模式E

集中的期刊采集。对于经费有限、文献需求也比较低的国家,可以设立一个中心单位专门收集使用率高的研究性期刊,以便能用较低的费用较多地满足全国的需求。当然还可有一个图书馆通过呈缴制度收集全国出版物以提供保障。

以上模式对于尚未开展文献资源建设的国家具有一定参考意义。各国在具体实践中常常只采用其中的某种模式;或以某种模式为主,辅以其他模式;或是对某种模式的改造;或几种模式的结合。

第四章 文献检索语言和检索方法

第一节 文献检索语言的概念及作用

一、文献检索语言的概念

为了使检索的过程,即文献标识和信息提问的对比进行得顺利,二者都需要用一定的语言来加以表达。只有借助于这种语言,文献的标引人员与检索人员才能有一个共同的约定,彼此才能沟通思想。也就是说,文献存储时,文献的内外特征按照一定的语言来加以描述,而检索时信息提问也按照一定的语言来加以表达。这种把文献的存储与检索联系起来、把标引人员与检索人员联系起来以便取得共同理解、实现交流的语言,就叫作检索语言。

二、文献检索语言的作用

检索语言在信息检索中起着极其重要的作用,它是沟通信息存储与信息检索两个过程的桥梁。在信息存储过程中,用它来描述信息的内容和外部特征,从而形成检索标识;在检索过程中,用它来描述检索提问,从而形成提问标识;当提问标识与检索标识完全匹配或部分匹配时,结果即为命中文献。

检索语言的主要作用如下:①特征。标引文献信息内容及其外表特征,保证不同标引人员表征文献的一致性;②相关性。对内容相同及相关的文献信息加以集中或揭示其相关性;③有序化。检索使文献信息的存储集中化、系统化、组织化,便于检索者按照一定的排列次序进行有序化检索;④一致性。便于将标引用语和检索用语进行相符性比较,保证不同检索人员表述相同文献内容的一致性,以及检索人员与标引人员对相同文献内容表述的一致性;⑤最高全准率。保证检索者按不同需要检索文献时,都能获得最高查全率和查准率。

第二节 文献检索语言的类型

一、按特征可划分为内容特征语言和形式特征语言

这两大类检索语言又可分别细分成具体的检索语言。

一般来说,形式特征语言是文献本身已有的,显而易见的特征语言。如文献题名、作者姓名、文献代码等,把它们作为标识就构成形式特征语言,供标引和检索时使用。这类语言的突出特点是客观性和唯一性。

内容特征语言又可分为自然语言和受控语言。这里的自然语言不是以语音为物质外壳的语言,是直接把文献和提问使用的语词作为检索词的检索语言。关键词是最常用的自然语言。自然语言的主要优点是文献用语和提问用语非常丰富,检索词表达方式灵活,标引员和检索者省力,系统维护成本低,检索词和文献用语及提问用语能够同步更新。自然语言有两个缺点:一是由于文献用语和提问用语的复杂性和多样性,语词和概念之间存在着"一对多"(多义词)和"多对一"(同义词)的现象,特别是在检索词脱离了上下文的情况下,发生歧义的可能性很大,容易造成漏检和误检;二是词间的语义关系往往是隐含的,也容易造成误检。

受控语言是在使用前经过优选和规范化处理的检索语言,因此,也叫规范化语言。词汇控制的主要目的是把同义词集中和统一起来,消除多义词的歧义性,确保标引的一致性和准确性,使词间语义关系由暗转明,把全部词汇组成一个有机整体。常用的控制方法包括建立知识分类体系、概念等级结构和参照系统。作为语言控制工具,通常编制出规范表,如分类表、标题表、叙词表

等。受控语言和自然语言的优缺点是相反的,它们的作用也是互补的。

与形式特征语言相比,内容特征语言具有如下特点:①在描述文献特征和表达提问特征方面,深度更大;②在标引和检索时更加依赖标引员和检索者的智力判断,因而,不可避免地带有主观性和多样性;③语言结构及其使用规则十分复杂。

正因为如此,对内容特征语言的研究成为检索语言的研究中心,甚至有的人把它看成是检索语言的全部。

二、按组配方式划分,检索语言可分为先组式语言和后组式语言

我们知道,标引发生在检索之前,所以,如果组配发生在标引时,即在检索前检索词已经由标引员组配好了,检索者只能使用预先已组配了的检索词实施检索,这种检索语言称为先组式语言;如果标引时没有进行预先组配,检索时再进行组配,这种检索语言称为后组式语言。后组式语言的基本出发点是任何一个复杂的、专指的、具体的概念都可以通过若干个简单的、泛指的、抽象的概念组配而成。

先组式语言又分为定组式和散组式。所谓定组式,是指在编制规范表时,将所有检索词(包括分类号)一一列举出来,即将需要结合起来使用的单元概念或单元词预先组配成复合词,标引和检索时直接使用表中所列的检索词,不必再进行组配。标题表和体系分类表是典型的定组式语言。所谓散组式,是指编表时并不把检索词一一列举出来,而只是列举一些组配性能较强的基本词汇,并把它们分成若干个类目,标引时将若干个词汇组配起来,从而表达复合概念。

三、按结构原理划分,检索语言可分为分类语言和主题语言

(一)分类语言

分类作为认识和区分事物及其相互关系的一种思维方法,已有几千年的使用历史,长期以来,人类在实践中广泛地运用这种方法来认识和区别周围的

事物,从日常生活到探讨当代科学的发展,无不与分类有关。在对文献信息进行有效的管理过程中,分类的方法应用得尤为广泛。这是因为文献信息需求者一般都是在某个专业范围或某个学科中从事科研、教学、生产和管理等活动,习惯于从学科和专业出发获取知识和信息。因此,用分类的方法管理文献信息是有效的。

分类语言是建立在科学分类的基础上,运用分类号和相应分类款目来表达各种主题概念的,它以学科体系为基础,将各种概念按学科性质和逻辑层次结构进行分类,按照学科体系从综合到一般、从复杂到简单、从高级到低级的逻辑次序逐级展开。常见的分类法有《杜威十进分类法》《中国科学院图书分类法》《中国人民大学图书馆分类法》《中国图书馆分类法》。目前分类法在我国使用最多的是《中国图书馆分类法》。一部完整的分类法由分类表、辅助表和使用说明三部分组成。

(二)主题语言

主题语言就是以表达文献信息主题内容特征的主题词汇概念为基础,经规范化处理形成的检索语言。由于主题词汇表达概念准确,所以主题检索途径是检索信息的主要途径。国内外几乎所有的检索系统都提供主题检索途径。主题词语言的具体表现形式是主题词表和主题索引。主题语言按照主题性质的不同,又分为标题词语言、单元词语言、关键词语言、叙词语言。

1.标题词语言。标题词语言就是用以标明查询文献信息主题概念的规范词,标题词又大多分为主标题词和副标题词。如果采用多级标题,那么副标题词还可细分为第三级、第四级标题。主标题词和副标题词在编制标题词表时已固定组配好,所以又属于先组式检索语言。典型的标题词语言是美国工程信息公司出版的《工程标题词表》。

2.单元词语言。单元词语言是一种基本的,不能再分的单位语词。单元词语言是从文献信息内容特征中抽取出来,经过规范且只表述唯一独立概念的检索语言,常用的单元词语言检索工具有《化学专利单元词索引》和《世界专利索引——规范化主题词表》等。

3.关键词语言。关键词语言是指从文献信息的题名、摘要或正文中抽取出来能揭示信息内容特征的自由词。除了某些自由词(如冠词、连词、副词、介词等)外,几乎任何具有实际意义的信息单元都能成为关键词。关键词语言是自然语言,由于它来自文章标题或文摘、正文,专指度高,用作检索词,查准率高。然而未经规范处理,又使其查全率较低。关键词语言检索工具如《科学引文索引》中的"轮排主题索引",其关键词是从文献标题中抽取出来的自由词。

4.叙词语言。叙词语言是经过规范处理的词和词组。叙词语言是以表达文献主题内容的概念单元为基础,经过规范化处理,可以进行逻辑组配的一种主题语言。它的基本性质是概念组配,概念组配是概念的分析和综合,而不是简单地依据字面意义进行组词和拆词,叙词语言是后组式检索语言,它有一套较完整的参照系统,能显示叙词之间的相互关系。对于熟悉自己专业词汇的检索人员来说,从叙词表中找到切题的叙词后,只要组配得当,就能大大提高检索效率。常用的叙词语言检索工具有《汉语主题词表》和《叙词表》等。

第三节 文献检索的方法、途径、步骤

一、文献检索的方法

文献检索的方法是指查找文献信息的具体方法。选择科学有效的检索方法能够广、快、精、准地获取文献信息,提高检索效率。常用的几种具体方法如下。

(一)追溯法

追溯法又称回溯法,它是从引文索引或综述、述评文献、专著等文后所附的参考书目信息入手,查找相关文献,来获取所需文献信息的检索方法。这种方法查找的信息越早越好,但不需要什么检索工具。其优点是:在没有检索工

具或检索工具不齐全的情况下,也可以查得一批有关的文献信息,直观、方便。其缺点是:原文作者引用的参考文献数量有限,而且有的引用文献与原文关系较小,参考价值不大。因此,查找文献比较费时,漏检和误检的可能性较大,美国的《科学引文索引》就是按照这一原理而编制的一种检索工具,它是从作者途径去检索引用该作者的有关文献,它不仅反映了某个作者历年来发表了哪些文章,也反映了该作者的文献被引用的情况,揭示了文献信息中引用与被引用的客观状况,从而沟通了引用文献和被引用文献之间的关系。这种关系实质上反映了课题信息与文献之间的内在联系。

(二)常用法

常用法是指利用一定的检索工具获取文献信息的检索方法。这是一种正规的、科学的文献信息检索方法,它节约检索时间,获取文献全面。应用时有以下三种方式。

1. 顺查法。顺查法是一种以检索课题起始年代为起点,按时间顺序由远而近地查找文献的方法。查找前需了解该课题的背景,通过有关的参考工具核实和深入了解该课题的实际内容和概貌,再选择比较适宜的工具书,从问题发生的年代查起,直到满意为止。其优点是漏检较少,查全率和查准率较高;缺点是这种方法耗时费力,工作量大。

2. 倒查法。倒查法与顺查法相反,从现在追溯到过去,由近到远逐年查找,直到满意为止。此法多用于新课题,或老技术新发展的课题。因为研究这些课题,近期的文献比较重要。其优点是主动性强,先查近期文献,学科较成熟,情报量大,效率高又省时;缺点是不如顺查法全面,有用的文献信息可能有漏检现象。

3. 抽查法。抽查法是根据研究课题的特点和需要,选择该课题研究发展较快、出版文献较多的年代,根据实际情况检索其中某个时期文献信息的一种查找方法。其优点是可能用较少的时间获取数量较多、质量较高的文献,提高检索效率;缺点是要求检索者必须熟悉学科发展历史,或对该课题的学科发展前景有较多的了解和掌握,方可采用。

(三)交替法

交替法是指追溯法和常用法相互交替使用的方法,它又可以分为复合交替法和间接交替法两种。

1.复合交替法。复合交替法是综合使用追溯法和常用法两种方法。具体方法是:先利用检索工具查出一定时期内的一批有用文献,然后利用这些文献后面所列的参考文献,再以追溯法查出前一时期内的文献,扩大范围获取更多文献。①反之,也可以先利用已掌握的参考文献的线索,从中发现这些文献所具备的各种检索途径,然后再利用相应的检索工具扩充线索以获取文献。如此循环交替地使用上述两种查找方法,直到满足要求为止。这种方法兼有上述两种方法的优点,全面准确。适合查阅那些过去年代内文献量较少的专业,并可弥补因检索工具不全而造成的漏检。

2.间隔交替法。间隔交替法即利用检索工具每隔五年逐年查找一批有用文献,直到满足检索要求为止。

二、文献检索的途径

所谓检索途径,是指从哪个角度或哪个方向进行文献检索。由于各个检索工具揭示的角度不同,也就形成了不同的检索途径。

(一)分类途径

分类途径是按照文献主题内容所属的学科分类体系的事物性质进行分类编排所形成的检索途径。分类途径以概念体系为中心对文献进行分类排检,体现出学科的系统性及事物的关联性,它能把学科内容性质相同的文献集中于同一类下,便于读者从学科体系的角度来检索文献,具有族性检索的功能,能起到鸟瞰全貌、触类旁通的作用。在已知所需文献学科属性的情况下,要通过分类途径来检索文献。

---

①孙泽文.论教育文献检索的工具、步骤、途径及方法[J].汉江师范学院学报,2017,37(1):70—75.

(二)主题途径

主题途径是根据文献主题内容编制主题索引,通过主题索引来检索文献的途径。主题索引是利用文献资料中抽取的能代表文献内容实质的主题词按字顺编排的索引。检索时,只要已知研究课题的主题概念,然后可像查字典一样按字的顺序逐一查找。主题途径是以检索词作为检索标识,表达概念直接、准确、灵活、不受分类表限制,它能及时反映新学科的概念,适合检索比较具体、专深的文献,能较好地满足特性检索的需求。但它要求检索者的外语和专业知识水平较高,还要求检索者能选出切题的检索词,因为直接关系到检索的质量和效果。

(三)题名途径

题名途径是根据文献的名称进行文献检索的一种途径。检索工具中的"图书书名目录或索引""期刊刊名目录或索引""篇名目录或索引"等,它们都是按一定方式组织起来的,把文献的书名、刊名、篇名等作为文献存储的标识和检索的出发点。这种途径在查找图书和期刊时较为常用,但由于文献篇名较长,检索者难以记忆,加之按名称字顺编排,造成相同内容文献分散。

(四)著者途径

著者途径是根据已知文献的著者姓名来进行文献检索的一种途径。著者途径包括个人、团体、机构。检索工具如"著者索引"和"机构索引",这类索引均按著者姓名字顺排列。由于编辑简单、内容集中、使用方便,国外许多检索工具都有这种索引。因为从事科研的个人或团体都各有专长,因而在同一著者的名下,往往集中一批内容有内在联系的论文,在一定程度上能集中同类文献。当检索者已知某著者所研究的课题与自己相近,希望了解此著者过去或最近有何文献发表时,从著者途径查找最方便,既快又准确。但著者途径不能满足全面检索某一课题文献的需求,它只能作为一种辅助途径。

(五)号码途径

号码途径是以已知文献的编号为特征编排的一种文献检索的途径。常用的有报告号索引、专刊号索引、合同号索引和标准号索引。这种索引一般按缩写字母顺加号码的次序由大到小排列。检索时,先按缩写字母,后按号码次序进行。在已知文献编号时,用此途径检索文献比较方便、快速。

检索途径的确定,受检索课题和已知文献线索的制约。通常特定文献的检索,可确定题名途径和著者途径;人物资料的检索,可确定著者途径;学科属性明确的课题,以分类途径为宜;交叉学科和复杂课题,以主题途径为宜;而综合性课题,则往往需要用多种途径相互配合才能获得较好的检索效果。

三、文献检索的步骤

在信息社会,互联网的普及为用户采用现代化的技术手段查询文献提供了便利,同时还要会运用手工检索方法。不论是手工检索还是计算机技术,其检索程序相同,都是根据研究课题的要求,使用一定的检索工具,按照可行的步骤、方法、途径、查询获取文献信息。一般来说,文献信息检索的全过程可分为下列几个步骤。

(一)确定研究课题的检索范围

当一个具体的研究课题要求检索所需要的信息时,要明确课题的学科性质、专业范围等,其中必须弄清的问题主要有:①课题内容范围,课题涉及哪些专业,与该专业相邻的学科有哪些;②所需信息类型,是文献还是具体的数据或事实,是文摘、题录、综述还是原始文献;③信息专业水平,是一般性信息还是较专深的信息;④文献数量,是需要全部文献还是其中的一部分;⑤文献的语言和类型;⑥检索角度,确定要检索的文献信息是侧重理论方面,还是应用方面;⑦时间范围,一般科技文献中的技术 10~20 年就要过时,所以,一般研究课题的检索时间范围应在 10~20 年以下。

由此检索,对有关文献的时间分布、地理分布和语种分布进行分析和预测,进而确定一个比较合理的检索范围。

(二)选择检索工具

检索工具主要有手工检索和计算机检索两种。手工检索时要选择相应的检索工具或参考工具书。检索工具和参考工具书在手工检索中起着不同的作用,前者主要用于检索文献线索,后者主要用于检索事实和数据的信息。检索工具的选择依据是课题内容范围及其要求,还有各种检索工具的性质、内容和特点。可利用各种检索工具指南、学科文献指南来帮助进行全面的选择。另外,对选出的有关检索工具,要区分重点和一般,把主要精力放在重点工具的查找上,适当兼顾其他检索工具。

1.选择检索工具。一般要依据以下几个原则:①检索工具中新收录的文献必须覆盖所要检索的主要内容;②质量较高,即收录文献数量大、报道及时、索引齐全、使用方便;③文种熟悉,尽量使用本国常用的检索工具。

2.满足几个原则。在满足了以上几个原则的基础上再考虑以下因素:①如果是研究某一理论在某工艺上的应用或研究某种产品的设计、试制、生产工艺、质量等方面的问题,一般要求查全、查准国内外信息。此时应该使用综合性、专业性、特种文献的检索工具,有时需浏览有关核心期刊;②如果要借鉴新技术或引进新产品、新设备,应选择专利检索工具或产品目录及样本;③如果要求检索的文献专业性强,一般选择专业性的或特种文献的检索工具;④如果采用计算机检索,应选好相应的数据库。

无论是选择手工检索或是计算机检索,都应当到"富矿"中去检索,即选择那些存储和报道你需要的文献可能最多的检索工具。反之,切忌到那些没有你需要的文献的地方去查找,否则手工检索可能要浪费你的时间,而机检则可能让你花上一笔费用却毫无所得。

(三)选择检索途径

检索文献信息时,一般来说是以文献的某种特征作为出发点,按一定的途径进行查找的。检索途径的选择取决于两个方面：一是待查课题的已知条件和课题检索深度的要求；二是所使用的检索工具本身能够提供的检索途径。

选择检索途径一般遵循以下原则：①如果是系统收集资料，一般对查全率要求高，最好选择分类途径；②如果是解决一个技术问题或仅知课题主题概念，应选择主题途径；③如果已知同行学者姓名，应选择著者途径；④如已知文献的专利号、标准号、科技报道号等，应选择序号途径。

（四）选择检索方法

选择检索方法是指选择实现检索计划的具体方法和手段。文献信息检索的各种方法，均有其优缺点，在检索时究竟使用哪种方法，应根据检索条件、检索要求、检索背景等具体情况而定，不能一概而论。实际检索过程中选用哪种方法，要根据课题研究的需要以及所能利用的检索工具和检索手段来决定：①如果检索工具缺乏或根本没有，研究课题涉及面又不大，对查全率不做较高要求，可采用由近及远追溯法。追溯的起点最好是所附参考文献较多的文献，还有一些信息研究成果，如评论、综述等；②如果检索工具较齐备，研究课题涉及的范围大，可采用常用法或交替法；③如果研究课题属新兴学科或知识更新快的学科，可采用倒查法；④如果研究课题对查全率有特别要求，一般采用顺查法；⑤如果已掌握了课题发展规律、特点，一般可采用抽查法。

（五）查阅检索工具，记录检索结果

在正式检索之前，应对检索途径、方法做认真检验和修订，以保证其合理性和有效性。首先利用文献指南或其他工具查一查有无相关的专题书目，以免重复他人做过的文献收集工作；其次要灵活运用各种检索方法和途径，尽量利用各种累积索引。此外，要注意利用其他情报源或书目进行辅助检索，以保证检索结果的完整性。当发现查出新文献的机会渐少时，检索工作基本上就可以结束了。

（六）整理检索结果

对于检索后获得的检索结果，认真阅读其著录格式，辨认其文献类型、文

种、国别、责任者、题名、内容、出处等非常重要。检索工具为了节省篇幅,有关文献出处的名称绝大多数都采用缩写形式,如果要索取原文就必须将其恢复成全称。对于西文期刊,可使用该检索工具的"引用期刊一览表"之类的索引对照转换。注意其往往不是每期都有,但可以用该检索工具的年刊或期刊的"引用期刊一览表";对于某些中文期刊,则可以使用汉语拼音转换。对于书名,则不需要转换,因其并不缩写,可根据出版项等信息直接查英文图书。对于会议录名,一般也是缩写的,可根据会议录专用索引还原。

(七)获取文献原文

在确定了哪些文献需要阅读原文后,就要与收藏文献信息机构联系,索取原文。索取原文时,必须利用检索工具中的缩略语、全称对照表将缩写刊名变成全称,然后通过馆藏途径或其他途径获取原文。

1.期刊文献的原文获取方法。期刊文献是使用最多的参考文献。国内外期刊在国内各主要图书馆中都普遍收藏,其中国内出版的期刊在北京图书馆、中国科技情报研究所重庆分所以及上海图书馆中收藏得最为完整。

2.会议文献的原文获取方法。国内外会议文献在国内图书情报机构收藏得比较多的有中国科技信息研究所、北京图书馆、中国科学院文献信息中心、电子科技信息研究所,以及全国各省、直辖市情报所以及重点大学的图书馆等。

第四节 文献检索效果评价

一、检索效果的评价指标

文献检索信息的职能主要是答复检索者的提问,即从某一文献集合体中全面、准确地查出与提问相一致的文献。一个理想的文献检索系统应当能够以方便的形式提供所需要的全部文献。对检索效果进行评价的目的就是为了找出影响检索系统性能的各种因素,以便有效地满足检索者的需要。为此,可采用两种方式来改善系统性能,首先只提供检索者所需要的文献,其次是剔除检索者不需要的文献。这里需要解决查全率和查准率的问题,并以此作为评价的标准。美国研究者提出查全率与查准率是衡量检索效率的标准,尽管当时的研究对象是针对计算机检索系统而言的,但对手工检索同样具有一定的指导意义。

二、影响检索效果的因素

(一)标引的网罗性

所谓标引是指对文献进行主题分析,并给出检索标识(主题词、分类号等)的过程。其目的是按照给定的检索标识组织各种检索工具(目录、文摘、索引等)。标引的网罗性是指标引时揭示文献主题的基本概念和广度。如查找题为"计算机软件设计"的有关文献,经过主题分析后选出"计算机检索""文献检索""程序设计"三个检索词。从标引广度包含检索词的角度来看,还应补加上"检索程序"和"应用程序"两个检索词,否则就会漏掉上述的相关文献,影响查全率。因此,标引的网罗性是影响查全率的主要因素。

(二)检索标识的专指性

所谓检索标识的专指性是指检索标识表达主题的基本概念的专指。如查找题为"计算机在情报检索中的应用"的有关文献,经过主题分析后,选出"计算机""情报检索""计算机应用"三个词,从主题的专指性来看,计算机的下位概念是"电子计算机",情报检索还包括"文献检索",这些词都应考虑。因此,检索词的专指性是影响查准率的一个重要因素。

(三)其他

检索者的知识水平、业务能力、工作经验,特别是检索技术的熟练程度和外语水平也是影响检索效果的主要因素。

三、提高检索效果的措施

一般来说,提高检索效果的措施有两项:一是选择检索系统;二是提高检索者的检索水平。

检索系统的优劣是影响检索效果的主要因素。评价一个检索系统的好与坏主要看它的存储功能,即"全""便""新"。"全"是指存储的内容丰富,摘录的文献量越多,摘贮率越高,则检索系统存储的文献信息量越大,这是检索的前提条件,也是实现检索的物质基础;"便"是指便于利用,它是检索系统的必备条件,一般指编排结构是否准确和实用、辅助索引是否齐全、排列是否科学等;"新"是指内容新、时差短,以保证提供的文献不陈旧失效。以上三者同时具备,才称得上是优良的检索系统。

对于用户来说,检索前必须慎重选择检索系统,这是提高检索效果的保证。然而,多数情况下,检索者选择检索系统的余地并不大,要提高检索效果,更主要的是提高检索者自身的检索水平。检索效果与检索者的知识水平、业务能力、工作经验,特别是检索技能的熟练程度和外语水平密切相关。比如,要能全面准确地表达检索要求,合理选择检索方法、途径和工具,以及检索策略。同时要根据不同检索课题的需要,适当调整对查全率和查准率的要求,这些都取决于检索者的检索水平和能力。因此,提高检索者的检索水平是提高检索效率的决定因素。

第五章 公共图书馆资源建设

第一节 公共图书馆文献资源建设

文献资源建设是图书馆重要的基础工作,是图书馆赖以生存和发展的物质基础,是图书馆发挥多种功能的前提。当前,随着文献资源载体种类的多样化,已经形成了纸质文献、缩微文献、声像文献、电子文献以及网上虚拟馆藏信息共存的格局。[①]此外,文献信息内容逐渐呈现出综合性的趋势,学科的划分更加细化,同时由于计算机网络技术和现代通信技术的应用,使得信息传播方式变得更为快捷方便,信息全球化、网络化、智能化以及接收定向化,使资源共享不再是纸上谈兵。人类社会的这种变化,为公共图书馆文献资源建设提供了广阔的思维和实践空间。作为文献采访部工作人员,应充分认识文献资源建设工作的重要性,不断更新文献资源建设理念,提高图书馆文献资源建设水平。

一、文献资源建设的定义

文献资源建设是人类对处于无序状态的各种媒介信息进行选择、采集、组织与开发等活动,使之成为可资利用的信息滋养体系的全过程,包括了信息资源的体系规划、选择与采集、组织管理、共建共享,馆藏资源数字化与数据库建设,网络信息资源的开发及信息资源建设的基本理论与方法的研究等多方面

[①]孙艳红,金耀,吴宗溶. 新时代高校图书馆数字资源建设的现实困境及发展路径[J]. 图书馆学刊,2023,45(3):33—39.

的内容。它不仅包含了各种媒介的文献资源,而且还包含了实体文献和虚拟文献以及对它们的规划、选择、组织管理、共建共享等基本理论和方法。

二、公共图书馆文献建设存在的问题

(一)文献购置经费短缺致使文献资源采购数量严重不足

各城乡公共图书馆都存在文献购置经费短缺的问题,国家对公共图书馆的经费投入,无论是从基础设施建设还是文献资源建设方面都是很有限的。由于受文献购置经费的制约,加之近年来书刊大幅度涨价,致使许多公共图书馆文献资源建设起色甚微。一些偏远的城乡公共图书馆每年只能采购几百本新书,更不要说其他电子资源。全国公共图书馆的购书经费若按人均11本,只有0.23元。购置经费的短缺使得采访人员在馆藏建设方面不能满足本馆的文献资源建设原则。

(二)地方文献资源建设不到位

地方文献资源建设是公共图书馆资源建设的重要任务之一,是开展公共图书馆特色建设和服务的重要环节。目前公共图书馆关于地方文献资源建设方面,存在着地方文献资源的收集范围不够全面的问题。

多年来地方政府都十分重视公共图书馆的地方文献工作,很多省、市、县政府都发出了关于征集地方文献的通知,建立了呈缴本制度,使地方文献的征集工作有了一定的政策保证。但是从各公共图书馆地方文献收集的实际情况来看,呈缴本制度并没有完全深入到出版机构和著作权人的思想意识中,也没有成为广泛的社会共识。因而使得公共图书馆在通过呈缴本收集地方文献方面出现收集不到位的现象。同时地方文献又具备文献种类多、发行机构多、发行渠道多的问题,使收集地方文献工作又增加了一定的难度。除正式出版物之外,大多有参考价值的地方文献为非正式出版物,并在某一特定的范围内流通使用,加之其载体形式的多样化,缺乏出版、发行信息,使得收集单位很难全面、及时地收集所有的地方文献。并且各公共图书馆在收藏地方文献的工作上又存在着重正式出版物、轻非正式出版物;重显性文献、轻隐性文献的观念,使得一些有价值的地方文献得不到挖掘整理。

(三)文献资源收藏质量不高

在我国多数公共图书馆都"重藏轻用"。其原因有多种,主要原因就是在图书馆的评估工作中,图书馆的馆藏数量是考核指标中的重要一项,因此造成多数图书馆把藏书的数量放在首位,从而忽视了藏书的质量。

公共图书馆藏书质量的优劣,主要取决于馆藏文献的利用率,利用率越高,说明图书馆发挥的作用就越大。因此,我们衡量一个图书馆的社会价值,关键是看它的藏书质量,只有藏书质量高,才能被更多的读者所利用。

经调查显示,在公共图书馆中能够频率较高地被读者查阅的图书数量,往往只占图书馆藏书总量的一小部分。随着信息产业的迅速发展,新型学科的不断涌现,文献出版量的增大,不同载体文献的增加,以及受经费的制约等因素,使得图书馆在文献资源建设方面受到一定程度的影响,同时像计算机、经济、法律等方面的文献资料的更新周期明显缩短。以计算机类图书为例,由于计算机、网络、通信技术的飞速发展,计算机类图书在上架一年后阅读的人就已经很少了,两年后此类图书几乎鲜有人问津,由于此类图书内容的变更很大,因此在短时间内就会使这批图书不合时宜。加上图书馆"重藏轻用"的思想观念,使得多数公共图书馆的藏书建设真正成了收藏图书的建设,而忽略了图书馆藏书是为了让广大读者利用的问题,从而制约了公共图书馆为本地区经济、文化发展服务的思想理念。

三、如何加强公共图书馆文献资源建设

(一)加强公共图书馆文献资源建设的途径

1.以人为本,是完善公共图书馆文献资源的核心。随着社会的进步,计算机网络技术的发展,信息化程度的加深,公共图书馆收藏的文献资源内容在增加,形式在变化,范围在扩大。文献资源建设已由以前单纯的文献资源建设发

展为文献资源建设、数据库建设和网络信息资源的开发与组织等。

公共图书馆文献资源建设是读者服务的基础,完善、充实、优化公共图书馆文献资源的馆藏结构,是公共图书馆可持续发展的保障,也是为读者服务的一项重要内容。构建科学合理的文献资源结构,必须坚持以人为本。在公共图书馆文献资源建设中落实以人为本,包括满足读者需要和培养文献采访人才。

2. 重视传统印刷型文献的收藏。印刷型文献在保护和继承前人知识成果方面,具有其他类型文献载体不可比拟的优势,具有较高的权威性,编辑出版、发行系统完备,科学价值和学术水平有保证,是读者尤其是学术科研人员的主要信息来源。同时,印刷型文献经济实用、便于携带、直观性强,随时随地可获取。因此,目前公共图书馆的文献收藏结构从载体类型上看仍以印刷型文献为主。尽管受到其他载体类型文献的影响,但利用率仍然要高于其他载体文献。

从远期来看,印刷型文献资源建设仍是公共图书馆文献建设的重点。因此,公共图书馆应在馆藏文献建设中坚持稳定性和科学性,精心选择印刷文献的品种,保证读者利用率比较高的印刷文献的种数和复本量,满足广大读者的借阅需求。对流通率极低和呆滞的书刊要进行适当整理,或密集存放,或进行剔旧。同时,要了解图书出版动态,关注每一个时期社会政治、经济发展变化及读者对文献资料的需求变化。只有这样,才能满足读者借阅需要。

3. 加强电子文献馆藏资源的建设。电子图书已经成为越来越多公共图书馆馆藏资源不可或缺的一部分。数字文献在很多方面都优于纸质文献,越来越多的读者已经逐步认识到利用数字文献的简洁与高效,数字文献的使用率也正在逐渐提高。同时,电子图书所特有的价格低廉等特性也能够使图书馆以较少的经费来获取充分的资源保障。

由于阅读电子图书必须使用电脑或电子阅读设备,所以使用电子图书的读者主要集中于30岁以下的读者群体,即较为年轻的一代。电子图书作为一种新型的馆藏文献类型,与传统印刷型馆藏图书之间的关系应该是互为补充、互为依托、互为支持的关系,电子图书应起到对传统馆藏图书进行完善和补充的作用。两种不同载体的馆藏文献形成一个统一的整体,更加有利于满足读者的阅读需求。

4.重点建设地方特色文献资源。由于地方文献资源能全面地、系统地、历史地反映本地区的政治、经济、文化、历史、名人、旅游等方面的特征,为研究当地的经济文化建设提供参考。因此,公共图书馆要尽可能系统地、全面地收集涉及当地历史文化、社会经济发展的一切文献资源,包括地方志、地方史、论著、地方档案、地方报刊、地方丛书、地方年鉴、地方百科全书、地方人事碑志、地方图录,地方音像资料、地方文献书目等地方文献资源。

对于地方文献资源建设一定要做到"人无我有,人有我优",只有这样才能显现其收藏的价值。随着地方文献总量的不断增加和图书馆资金的匮乏,要想对本地区内的地方文献全部收集比较困难。因此,公共图书馆要借助于宏观调控的手段,使各系统、各单位、各部门把自身的地方文献资源建设纳入本地区范围内的地方文献资源建设的大系统之中,实行统筹规划,协调管理,共同建设本地区的特色文献。

(二)公共图书馆文献资源建设需注意的事项

1.公共图书馆文献资源建设的区域间协同。如上所述,公共图书馆文献资源建设在网络环境下需要采取满足基本需求和特色发展的方式。这意味着除特色领域文献建设能做到深入、全面以外,其他领域的文献资源只停留在满足基本需求的层面。要解决这一问题,可以采用区域协同的方式,即不同的馆去建设不同的特色领域,合起来能够覆盖各类学科。

首先,在文献资源建设之前需要建立一个协同规划的机制,避免重复建设,浪费宝贵的资源。其次,在建设完成后需要建立一个信息发布机制,让用户群体能够及时了解各馆的文献建设规划原则、特色,提高文献的利用率。再次,形成各馆定期交流机制,交流各自在特色领域建设的经验,同时可以检查初期规划中的学科分工是否交叉,是否有需要填补的空白等。

这一方面的建设可在现有图书馆共建共享网络或系统中推行,如中国高等教育文献保证系统(CALIS)、国家科技文献资源网络服务系统、全国医学图书馆资源共建共享网络、上海市文献资源共建共享协作网和浙江地区数字化文献资源共享网,等等。我国还应进一步推进地区性图书馆联盟的建设,形成文献资源区域间协同建设的新局面。如德国目前有6个地区性图书馆网络,分别是柏林暨勃兰登堡合作图书馆网络、共同图书馆网络、北莱茵·威斯特伐利亚图书馆服务中心、黑森州图书馆信息系统、巴伐利亚州图书馆网络、巴登符腾堡图书馆服务中心,覆盖了德国不同的地域。

2.公共图书馆特色领域文献资源建设的专业性问题。首先,公共图书馆在进行特色文献建设的同时,意味着放弃大而全的方式,在保证满足用户群体基本需求的同时,可以适当抽调其他领域的人员和资源,集中到特色领域重点建设。

其次,可以建立专家库以增强特色领域建设的经验和能力。公共图书馆中的特色资源,经过宣传,必然会吸引此领域中的专家学者成为图书馆的用户。因此,建立专家用户库,通过专家在使用过程中的反馈,或者通过有偿指导汲取专家的意见,提高文献建设的水平。同时,公共图书馆特色领域文献建设水平的提高又可以带动更多此领域专家利用图书馆的服务。通过这样一个良性的循环,公共图书馆的特色领域文献建设可以达到一个较高的水平。

最后,公共图书馆在特色领域文献建设达到一定水平以后,可以与高校或研究机构合作,承接一定的服务项目,通过实践活动来检验文献建设的效果,发现文献建设中的不足,同时可以扩大文献建设的社会效益。

3.公共图书馆文献资源建设中满足用户基本需求的问题。首先,如果在非特色领域只提供给用户群体最基本的文献资源,必然需要对用户在这些领域的专业性需求进行引导,即建立一套能够指导用户获取该馆非特色领域信息的引导系统,指引用户获取所需信息的方式和渠道。在相互合作的图书馆组织内,各馆有明确的专业分工,那么这些专业分工的状态、馆藏的情况需要向组织内的每个馆的用户开放。

其次,在当前信息急剧膨胀的时代,如何定义用户基本的需求,从而提供恰当的文献资源并非简单。需要向用户明确图书馆文献建设的规划和宗旨,然后与用户建立良性互动,对用户的需求进行排序和梳理,通过统计数据分析及专家建议的方式建立最有效的文献资源。

(三)公共图书馆文献资源建设的原则

公共图书馆要努力探索新形势下文献资源建设模式,建立起具有地域性、特色化的科学的文献资源体系,保证其能满足大众的阅读需求,保证其能真正为地方经济文化发展提供高质优效的信息服务,在具体实践中把握好以下原则是做好文献资源建设工作的关键。

1.文献资源建设的六项基本原则。

(1)实用性原则:是指文献资源建设必须符合公共图书馆实际使用的需要。采集和收藏文献资料不是为收藏而收藏,而是为使用而收藏。只有符合实际需要,使其在教学、科研、生产实践中发挥作用,所收藏的文献资料才有作用、有意义。

(2)目的性原则:图书馆有各种不同的类型,由于它们各自的性质任务不同,服务对象不同,地方特点各异,因而收藏文献资料的范围和重点也就不同。文献资源建设必须有明确的目的性,防止盲目滥购。

(3)计划性原则:制定文献采集计划是搞好文献资源建设的重要环节。公共图书馆要在年终根据本馆读者的变化、科研发展情况等制订出新一年的文献采集计划,并在实际工作中认真贯彻实施。

(4)系统性原则:系统性又称连贯性,它有两层意思,一种是指重点文献的系统完整;另一种是指全馆文献的相互联系,有比例,成体系。文献收藏的系统性和完整性是长期收集、系统积累而成的。系统性原则是建立高质量文献收藏体系的关键。

(5)分工协调原则:图书馆之间资源建设的分工协调是图书馆事业发展的整体需要,也是文献资源保存和共享的要求。馆与馆之间在文献补充方面既要有明确的分工,又要有紧密的协作,从而有利于合理使用经费,有利于文献资源的合理分配,有利于文献收藏质量的提高,逐步形成各地区、各系统乃至全国的文献收藏体系,促进图书馆事业的发展。分工与协调的原则是资源共享在资源建设中的具体贯彻。

(6)发展与剔除原则:文献资源建设的发展是指新文献的增长,文献的剔除是指无使用价值的文献的删除。新文献的增长与无使用价值的文献的剔除是文献资源建设发展过程中相互联系的两个方面。只有不断地充实新文献,文献收藏体系才具有生命力;只有不断地剔除过时的文献,文献资源建设才能健康地发展,有效地提供给用户使用。发展与剔除的原则,是辩证地对待资源建设,使图书馆文献收藏始终保持活力的关键。

文献资源建设的六项原则是一个互相联系、互相依存、互相作用、不可分割的整体,是图书馆进行文献资源建设的依据,也是文献采购人员进行文献采集必须遵循的准则。违背任何一项原则,都会破坏图书馆藏书建设及其发展规律。

2.文献资源建设的导向原则。公共图书馆在文献资源的建设中,除了六项基本原则,还有六项导向原则,导向原则同样对于公共图书馆的文献资源建设有着重要的作用和影响。

(1)坚持系统规划性:社会对图书馆提供的信息服务要求愈高,图书馆的文献资源建设愈要立足实际,面向未来,结合本职,合理规划。公共图书馆应对本地社会经济发展状况及趋势、自然环境、人文氛围等多方面因素加以综合分析研究,充分考虑本馆的性质、任务和读者需求,制定既满足读者现实需求、又着眼于本馆长远发展的文献资源建设规划,科学规范并适时调整本馆文献资源收藏的范围、内容、数量、模式以及具体操作方法,确保用有限的资金建立起最优化的文献资源体系,让馆藏文献资源得到更加充分的利用。

(2)重视地域特色性:只有建立起独具特色的馆藏文献资源体系,"人无我有,人有我精",公共图书馆才能在网络环境下的共享体系中形成优势。根据性质、任务、职能以及服务对象、社会需求特点,公共图书馆要从本地区经济文化建设特点和社会发展整体趋势出发,以满足本地企事业单位、科研文化机构、政府决策机构的信息需求和大众阅读需求为目的,以地方经济文化发展所需的各类信息资料为重点,结合本地文献资源布局,逐步建立起最能反映本馆优势、展示地域个性的高质量的特色文献资源数据库。

(3)遵循分工协作性：当今时代是一个以信息爆炸著称的时代，各种类型出版物的数量每年都在以几何倍数增长，任何一家公共图书馆特别是地市州图书馆都无法收齐收全这些文献，无必要也不可能去追求文献资源的"大而全"，坚持馆际间文献采购分工协作可以保障购书经费的合理利用和文献服务的高效益。公共图书馆应积极支持与响应文献资源共建共享，加强馆际间文献资源建设与开发利用的分工协作，互通有无，做到文献资源共知、共建、共享，既扩大本馆可利用资源的范围，使其内涵不断丰富，同时提高馆藏文献资源可利用率，使读者外延不断扩大，提高文献资源建设效益。

(4)强调结构多元性：科学技术发展迅猛，文献学科属性相互交叉渗透，新型载体文献出现，图书馆文献采集面临更多选择、更多困难。确保文献建设质量就要根据社会需求的不断提高不断拓宽收藏范围，调整馆藏文献资源结构，增加新型载质的文献。文献资源数字化极大地方便了读者检索和获取文献信息，是社会信息发展的必然要求，是实现图书馆资源共建共享的基础和前提。因此，公共图书馆在文献资源建设中要建立印刷型、电子型和网络型文献信息资源等形式并存、内容互补的馆藏结构，按一定比例采集电子型、印刷型和网络型文献资源；同时要逐步开展馆藏纸质文献资源的数字化建设。

(5)注意更新时效性：要注意掌握科技动态，关注社会时事，保持与时俱进，及时剔除馆藏滞书，根据社会发展补充新的文献资源，对现有馆藏文献资源进行动态维护，建立一个充满活力、形式多样、内涵丰富、合理有效的文献资源体系。

(6)加强文献资源开发利用：数字时代的图书馆应该是为广大读者提供智能服务的机构，它的价值不仅体现在提供知识使用，当好信息导航员上，更应体现在对知识的创新生产上，公共图书馆对各种有用的信息资源进行分析整理，重点对各类文献所包含的信息内容进行深入、全面的揭示，包括建立书目数据库、进行多主题词及关键词标引，增加检索途径；编制二、三次文献，增加检索深度，不断提高文献资源利用率。

四、公共图书馆文献资源建设的内容

(一)公共图书馆文献资源建设的基本内容

其基本内容主要包括以下三个方面：①根据本馆的性质、任务、读者对象、发展方向以及年购书经费指标的实际情况等,制定切实可行的文献资源建设原则、收藏范围、收藏重点和采购标准。并根据需要与可能,制定长远的文献资源建设规划;②根据已确定的本馆文献资源建设原则、范围、标准和计划,通过各种途径,及时、准确地选择和收集必要的文献资料;③加强与本地区、本系统及其他图书馆的相互协作,切实搞好馆际文献协调工作。

三个方面文献资源建设的基本内容是互相关联、相辅相成的,忽视或削弱其中的任何一个方面,都会直接影响收藏的质量。

(二)正确处理文献资源建设中的几种关系

公共图书馆的文献是长期积累而成的,文献收藏体系的形成,往往需要长时间的积累才能见效。形成科学的藏书体系,不仅使图书馆具有本馆特色,而且能更有效地为读者服务。要搞好文献资源建设,还要在基本原则的指导下,正确处理好以下几方面的关系。

1. 重点文献与一般文献的关系。由于具体情况不同,出版物种类的千差万别,任何图书馆都不可能也没有能力对不同的文献等量齐观、兼收并蓄,而必须区别对待,这就有了重点与非重点之分。重点收藏要求系统、完整、全面、及时。在抓好重点收藏的同时,也要兼顾读者多方面的需要,有选择地补充一般性的藏书,发挥图书馆的多种职能和作用,特别是公共图书馆。重点与非重点,既要看到它们的相对稳定性,又要随时注意它们的相对转化性。

2. 数量和质量的关系。总的来说,要数量、质量并重,在选择文献时,既要强调质的方面,也要注意数量。一个图书馆没有基本数量的藏书,质量也无从谈起,要在保证数量的前提下追求质量。

3. 品种与复本的关系。正确处理品种与复本的关系,是贯彻节约经费、提高收藏质量的重要体现。经费有限,品种和复本之间总是存在一定矛盾。要处理好品种与复本的关系,必须因时、因地、因书、因馆制宜。

4.当前需要和将来需要的关系。满足当前需要,是图书馆为读者服务义不容辞的职责。但事业总是发展的,而文献资料总有一个积累过程,不能临渴掘井,必须有一定的眼光和规划,恰当安排各类文献的比例。

(三)公共图书馆外文文献资源建设

外文文献资源是读者了解国外政治经济文化的窗口。新时期公共图书馆外文文献资源建设,对于掌握国际最新科技发展状况和研究成果,及时捕捉现实发展热点问题的信息情报源意义重大。因此,外文文献是公共图书馆文献建设的重要组成部分。就目前而言,公共图书馆外文资源建设在发展过程中,资源利用率始终不高,如何进行新时期公共图书馆外文文献资源建设是当前公共图书馆管理应关注的重要课题。因此,研究新时期公共图书馆外文文献资源建设具有十分重要的现实意义。鉴于此,对新时期公共图书馆外文文献资源建设进行了如下初步探讨。

公共图书馆外文文献开发应该坚持整理、开发、利用同步进行的原则,在整理开发阶段有步骤地实施对读者的开放。关于公共图书馆外文文献资源建设,下文将从外文文献开发的意义、外文文献开发的方式、外文文献开发的思路三个方向来探讨,其具体内容如下。

1.外文文献开发的意义。

(1)保护人类文化遗产:文献是人们获取知识的重要媒介。各个民族、各个时代的文化成果载入文献以后,便能成为全人类的共同精神财富,为后人研究所利用。公共图书馆能发挥文献的这种特殊功能,全面系统地揭示馆藏文献信息,是保护人类文化遗产的重要举措。公共图书馆外文文献资源建设,为读者提供一个检索研究外文文献的平台,可以达到更好地保存人类文化遗产、加强对外文化交流的目的。

(2)促进文献资源共享:文献资源共享是今后图书馆的发展趋势,公共图书馆也不例外。公共图书馆外文文献资源建设通过积极整理开发外文文献,建立相应的文献数据库并纳入共享服务网络系统,能够更好地为读者提供目录查询、信息检索、文献传递等网络化外文文献服务,以达到促进文献资源共享的目的。

2.外文文献开发的方式。

(1)基础性开发:外文文献的基础开发包括采购、馆藏、分类、编目以及目录、题录、索引、检索等内容。采购外文文献要保持文献的系统性、连续性、时效性,体现和突出馆藏特色。在公共图书馆外文文献资源建设中,采购外文文献时除了保持文献的连续性,还要注意文献类型的多样性,既要购买印刷型的图书和期刊,也要购买电子型出版物。

(2)深层次开发:深层次开发包括对外文文献进行简评、综述以及编制专题目录、专题汇编、编译报道等。在公共图书馆外文文献资源建设过程中,可对外文核心期刊最新科研成果进行专题汇编,对一些重大课题进行信息调研和科研查新服务,利用外文文献进行专题跟踪服务。

(3)数字化开发:数字化开发包括建立书目、题录、索引、专题资料、全文数据库,还可以进一步延伸到建立图像、音频、视频多媒体数据库。公共图书馆外文文献资源建设,应立足于公共图书馆的实际情况,在继承传统图书馆整理开发文献特长的基础上,充分利用计算机、高速扫描仪、刻录机等先进的技术与设备,用数字化技术手段,整理开发外文文献。

3.外文文献开发的思路。

(1)合理定位文献选题:对公共图书馆而言,进行外文文献开发,选题是首要任务。各单位图书馆在外文文献开发上各具优势,结合高校和科研单位的外文文献开发上的人才优势,合理定位文献选题,在公共图书馆外文文献资源建设中的作用不容忽视。高校与科研单位合理定位文献选题,使外文文献的选题与工程技术文献的开发相符。与此同时,在合理定位外文文献开发的同时,最好根据馆藏特色选择社会与人文科学类专题,实施优势定位,把力量集中在强势项目上,形成自己外文文献的优势,以上是促进公共图书馆外文文献深层次开发与利用的最佳途径。

(2)招商引资借力而行:外文文献开发也当借力而行。公共图书馆外文文献资源建设,在引资方面,要发挥专家学者在外文文献资源建设中的作用,积极聘请国内外权威机构的著名专家学者作外文文献开发的顾问,为外文文献资源开发提出可操作性的建议,通过专家学者的智力资源为外文文献开发提供智力支持。公共图书馆外文文献资源建设中,借助专家学者的理论提高外文文献的资源利用效率,不要局限在咨询议事方面,还要在国内外进行广泛宣传,扩大馆藏外文文献的影响,并广泛吸收各类研究项目的资金资助,使公共图书馆外文文献资源建设借力而行。

4.公共图书馆外文文献资源建设的现状分析。当前,公共图书馆外文文献资源建设的现状不容乐观,还存在着诸多有待解决的问题,这些问题严重影响着公共图书馆外文文献资源的有效利用。

(1)公共图书馆外文文献资源建设存在的问题:就目前而言,公共图书馆外文文献资源建设还存在着诸多有待解决的问题,这些问题主要表现在资源闲置严重、读者数量少、资源共享不足三个方面。在资源闲置严重方面,无论是传统的外文文献资源,如纸质印刷型的外文图书、外文期刊、外文报纸等,还是以新形态出现的电子、网络资源,如外文电子出版物、外文数据库等,与同类的中文文献资源相比,利用程度相差甚远。大部分外文文献资源犹如"奢侈的摆设品",处于闲置状态。在读者数量少方面,外文文献资源利用率低还表现在读者数量上面。由于语言的限制,能够较好地利用外语资料,尤其是非英语类文献的读者很少。公共图书馆所设的外文阅览室里冷冷清清的情景时常可见。在资源共享不足方面,公共图书馆之间对外文文献资源的共享程度不高,尤其体现在外文数据库的利用上。由于各馆之间缺乏联系,缺少统一的组织和规划,重复购置外文数据库的问题较为突出。

(2)影响公共图书馆外文文献资源建设的因素:影响外文文献利用率的因素,主要来自服务主体和服务客体两个方面。在服务主体——公共图书馆方面,影响公共图书馆外文文献资源建设的因素主要由于"供"与"求"的不对称、知识产权保护力度难以把握、管理、服务方式滞后、工作人员业务素质不高造成的。在服务客体——读者方面,主要是由于外语能力有限、文献检索水平不足、信息意识不足等因素造成的。如上所述,不难看出,公共图书馆外文文献资源利用率情况堪忧。因此,加强公共图书馆外文文献资源建设势在必行。

5.公共图书馆外文文献资源建设的有效途径。公共图书馆外文文献资源建设,可以有两个方面的途径:一是内控系统层面;二是软件支持层面。

内控系统层面是指公共图书馆通过一系列系统化的机制来保障外文文献资源的有效利用,主要包括读者决策采购机制、知识产权适度保护机制、馆员素质培训机制、管理与服务深化机制、专题推广、服务和研究机制。

软件支持层面是指公共图书馆通过搭建系统和平台等硬件设施来提升外文文献资源的利用率。在软件支持层面,主要是指外语阅读辅助系统、文献检索导引系统、馆际工作共享平台。

(1)内控系统层面:读者决策采购机制把读者的阅读需求量化成指标,进而成为图书馆文献采购和馆藏建设的决策依据,有利于从根本上改善文献利用率低下的现状。这种模式尤其适合用于电子文献的采购。知识产权适度保护机制,对保障著作权人利益和使读者对外文文献资源的合理利用不受影响具有双重意义。在建立该机制时,应明确规定保护的上限以及下限,做到保护和利用的和谐平等。管理与服务深化机制,是通过科学合理的管理与服务机制提供深层次的服务内容,强调公共图书馆对外文文献宣传、导读方面的工作,对外文书刊的宣传效果十分显著。馆员素质培训机制是针对公共图书馆的管理人员建立的,通过形式多样、内容丰富的培训机制可以帮助图书馆员不断更新自身知识,优化馆员的现有知识水平,对于引导读者利用外文资源意义重大。此外,专业推广、服务和研究机制,对于公共图书馆的外文文献资源建设也至关重要。

(2)软件支持层面:外语阅读辅助系统,图书馆可以在外文资料阅览室里搭建外语阅读辅助系统,按照外文馆藏结构,提供相应语种的在线翻译功能。文献检索导引系统,针对读者缺乏文献检索专业技能的问题,公共图书馆有必要构建一套文献检索导引系统,该系统可采用视频等多媒体技术,培养读者的独立检索能力,从根本上提高他们主动利用外文文献的意识和对外文文献情报信息的获取能力。馆际合作共享平台,是指在公共图书馆外文文献资源建设中,搭建馆际共享平台,这样既可以避免外文文献资源的重复浪费,又可以做到互为补充,统一协调。馆际合作共享平台的应用,能有效满足读者对外文文献的需求。对公共图书馆而言,将各馆的馆藏资源通过联机目录的形式植入该平台,也可供读者检索并开展馆际互借和文献传递服务。

(四)加强公共图书馆文献资源建设的必要性

网络社会中信息量巨大而丰富,人们对获取信息的时效性、科技含量要求愈来愈高,图书馆既拥有丰富的印刷型文献资源,同时也受传统管理模式制约。如果不去关注新技术在图书馆的发展应用,不重视馆藏文献资源的优化建设及开发利用,其信息服务职能将越来越被弱化,不能适应社会发展的潮流。

在知识经济时代,拥有信息和知识已成为人们最大的财富。印刷型文献资源仍是大众获取知识信息的重要来源,拥有丰富印刷型文献资源的公共图书馆,利用目前的管理方法和经验仍可在相当长时期内为大众提供较为满意的文化服务。

互联网的快速发展为读者获取信息提供了更多的选择,图书馆不再是读者获取知识信息的唯一选择。图书馆的存在价值也不再仅仅以其拥有的文献资源的规模来衡量,而是面临来自社会可持续发展的挑战。所以,公共图书馆应积极应对这种变化,努力提高文献资源开发利用率和读者信息需求满足率。

总之,随着社会经济的发展,建立结构合理的文献资源数据库必将成为公共图书馆信息服务的核心工作,高质优效的文献资源建设能促进公共图书馆文化服务优势的充分发挥,推动公共图书馆实现资源优势向效益优势的转化。

第二节 公共图书馆数字资源建设

在信息技术迅猛发展的今天,数字资源的生产、传递、获取、存储发生了根本性改变,数字资源建设有了更为丰富的内涵。

数字资源目前尚无权威定义,一般指以电子数据形式把文字、表格、图像、音频、视频等有序的、可利用的多种形式的信息存储在光、磁等非纸质载体上，并通过网络通信、计算机或终端等方式再体现出来，用户可通过计算机网络进行本地或远程读取、使用的信息资源，包括电子图书、电子期刊、数据库等资源。数字资源是多类型、多格式、多媒体、多语种的信息混合体，是一种跨媒体的信息对象，以多种逻辑和物理格式存在，利用时往往需要专门的软硬件进行解压、转换、显示或播放。①

广义上，数字资源建设是人类对处于无序状态的各种媒介信息通过选择、采集、组织和开发等活动，使之形成可利用的信息资源体系的全过程。

单纯从公共图书馆角度来定义，数字资源建设是图书馆根据其性质、任务和用户需求，有计划并系统地规划、选择、收集、组织、管理各种资源，建立具有特定功能的信息资源体系的整个过程和全部活动。公共图书馆数字资源建设主要包括馆藏资源数字化、数据库建设及网络信息资源开发组织等方面的内容。

一、公共图书馆数字资源建设的重要性

在新的图书馆业态环境下，图书馆馆藏资源体系不仅包括以模拟形态存在的文献信息资源，而且还包括越来越多的以数字形态存在数字信息资源，数字信息资源包括联机检索信息资源、因特网信息资源，以及图书馆依托本馆馆藏，独立或与其他单位开发建设的数字信息资源。数字信息资源数量大、类型多，而且具有广泛的共享性，用户借助计算机系统、通信网络等可以随时访问使用。数字信息资源建设无疑是今后图书馆服务体系中信息资源建设的核心内容。

(一)公共图书馆数字资源建设的基本原则

在数字资源保障体系中，数字资源是外在形式，知识服务是内在核心，所以在建设数字资源时，不仅要考虑到资源的采集、存储、发布、利用，更要深入到数字资源的背后，挖掘其内在价值。公共图书馆在数字资源保障体系的构

---

①郝亚可.基于文献计量的国内数字资源管理研究[J].中国管理信息化，2023,26(6)：189—191.

建过程中,应重点把握好以下原则。

1.共建共享原则。通过信息服务保障公民的信息获取和使用,确保每一位用户能够公开、公平、公正地使用图书馆资源,享受图书馆的信息服务是图书馆服务的战略目标之一,因此,无论是纸质文献资源,还是数字化资源,都讲究信息资源的开放和共享。从一方面看,数字资源的共建共享能够在整合各馆资源的基础上,最大限度地满足用户对信息资源的需求,单个公共图书馆由于受到自身规模、预算、发展战略的限制,不可能仅仅依靠一己之力满足用户的多元化信息需求,同盟共享、馆际互借是图书馆资源建设的必然发展趋势,随着开放式存取进程的深化发展,图书馆资源共建共享将不断突破区域限制、机构限制,实现新的高度。从另一方面看,数字化资源的共建共享能够激发知识的流通,知识的流通需要开放性、关联性等多个要素,开放性越高,知识的流动性也越高。关联性是指将单个的数据解放出来并联在一起,打破原有僵化的秩序,在建立新秩序的过程中,知识相互碰撞,激发出新的创意与火花,数字化资源的共建共享能够最大程度上提高开放性、关联性等激发知识流动的要素,有效实现信息的加速流动和价值再生。

2.以人为本的构建原则。传统的图书馆资源建设围绕着书本展开,忽视了用户对资源的需求,最终导致了较低的资源使用率及投资回报率,新型的数字化资源构建过程中,公共图书馆需要始终本着以人为本的服务原则,以用户的信息需求及信息使用模式为出发点和落脚点,做到所建设的资源能够最大程度迎合用户的信息需求,并能跟上用户需求模式的变化。此外,资源提供的形式能够反映用户的信息使用模式,方便用户快速便捷地使用。

3.资源组织的通用原则。这种通用性体现在两个方面:资源类型的同构性,同构性是指事物之间具有的相同或相类似的结构系统,同构性或者说兼容性能够提高数字资源传播的流畅性,减少传播障碍,提升传播效率。资源交换的通用性,在人人都是自媒体的创客时代,每一个人都可能是资源的创建者,因此,图书馆在资源建设的过程中要开发方便用户编辑使用的资源,使资源更易于集成、迁移。

(二)公共图书馆数字资源建设策略研究

1.认识数字资源建设的战略重要性。统一思想,提高认识,切实将数字资源作为图书馆建设的新领域。传统图书馆服务模式造就了馆员以书为本的服务理念,体现在馆员工作流程上的采访、编目、流通均围绕着书本展开;图书馆的空间设计同样也体现着以书为本的服务理念,封闭的阅览室极不利于知识的流通与再生。进入新的数字化时代,图书馆及其馆员必须认识到自身理念转变、服务转型的必要性,认识到数字资源在社会经济发展、人类进步中的战略意义,数字资源建设应当被公共图书馆作为建设的新领域、新增长点。必须花大力气谋划好、建设好。

信息化和全球化是图书馆发展的动力,信息化的发展给图书馆带来了资源的数字化、信息传递的网络化,并打破了信息获取和传递的时空限制,公共图书馆的数字资源建设工作必须在充分认识到以上观点的基础上展开,处于信息化时代的馆员更是要认识到数字资源建设的战略意义,要始终秉承开放、以人为本的服务理念,做到:①积极与用户沟通,随时掌握用户信息资源的需求动态,理解用户的信息资源使用模式,并以此为据设计相应的信息服务,构建合理的数字资源保障体系;②积极掌握信息时代的各项技术,深入探索如何利用各项新技术、新工具拓宽数字资源的建设思路和建设途径;③以数字资源建设为着眼点,为用户开辟信息交流、传播、管理、使用的新型数字化平台,为人类提供共享协作的学习空间、科研空间、社交空间,增加知识的流动和新价值增长点。

2.统筹规划,加强合作,协作共建。在数字资源建设的道路上,公共图书馆必须坚持加强合作、共建共享、协作发展的构建原则。

(1)统筹规划:统筹规划是指国家、省一级图书馆对下级图书馆及基层图书馆的统一要求和指导,数字资源的共建共享是一项系统性工程,绝不可能一蹴而就,必须在国家、省级单位的领导下,制定统一的规范,努力在数字资源建设上形成全省乃至全国公共图书馆的一盘棋,这种统筹规划的优越性主要体现在两个层面:一是国家、省一级图书馆能够在整合区域内公共图书馆资源的基础上,从更高角度展望未来信息化的发展趋势,进而制定数字资源保障体系的构建方针、政策、路线,并形成规范化的标准、实施细则,有利于提高区域内数字资源建设的效率。二是统一的战略指导能够形成区域内图书馆联盟的向心力和凝聚力,促进公共图书馆今后在其他合作领域的创新发展。

(2)加强协作,协调发展:信息化的另一个特征是全球化、一体化,公共图书馆作为社会主义文化事业的重要支柱,在今后的发展道路上必须形成统一的整体,加强合作与交流,实现资源互补、优势互补,进而形成一定区域内有机整合的数字化资源保障体系,促进社会的学习化进程。

3.建立人力、物力、财力的社会保障机制。数字化资源保障体系并不能凭空而建,必须以强大的人力、物力、财力基础为依托。各分馆在总馆的统一规划、协调指引下,必须加大对数字化资源建设的投入,将各项数字化资源建设工作落到实处,建立健全人力、物力、财力的投入保障机制,具体如下。

(1)公共图书馆必须建设一支具备高素质、高技能的馆员人才队伍。高素质包括积极开放的公共服务热情、端正的工作态度、较高的信息素养和数据素养;高技能包括信息技术技能、运用创新思维解决问题的能力、与他人协作的能力等;高素质、高技能的馆员在数字化资源保障体系的构建中起着中流砥柱的作用,是建设工作的智力支持。

(2)公共图书馆必须加大数字化资源保障体系的资源投入,这既包括各种数据库资源的采购投入,又包括新技术、软件平台的开发应用,强大的物力、财力投入是数字化资源保障体系构建的物质保障。唯有以强有力的物质保障和智力支持为前提,公共图书馆才能在多方资源整合的基础上,建设适应新形势变化、迎合用户需求的数字化资源保障体系。

数字化全媒体时代,公共图书馆必须能够适应新形势的变化,为用户提供适应其需求、内容多样的数字资源保障体系,在协助用户对资源进行采集、存储、发布、利用的基础上,深入挖掘数字资源的内在价值,促进知识流动和激活,进而促进人类文明的发展和社会的进步。在数字资源保障体系构建过程中,公共图书馆应遵循共建共享、以人为本、资源组织的通用原则,通过提高馆员对数字化资源建设战略意义的认识,坚持走共建共享、协调发展之路,以及建立人财物社会保障机制,实现新时代公共图书馆资源建设的新发展。

(三)公共图书馆数字资源建设的现状分析

目前,公共图书馆主要从两方面着手建设数字资源:一是文化共享工程数字资源建设。二是数字图书馆数字资源建设。

各馆都加大了资源建设力度,在经费投入、人员配置上给予了重视,资源建设进展顺利,资源量有了大幅提高。建设的数字资源类型包括电子图书、电子期刊、电子报纸、数据库、音视频资源、网络资源等。这些资源有传统文献的数字化,有各种类型的原创数字资源,还有其他虚拟馆藏。建设模式包括自建、购买、获赠、试用以及网络共享等方式。购买的数字资源以国内外大型数据库为主,偏重学术性、实用性,占资源总量的比例最大。自建数字资源多为图书馆自建的特色数据库,这是图书馆数字资源建设的重要任务。

自建数字资源的特点:一是馆藏文献资源的数字化,主要是书目数据、文献全文和二、三次文献等的数字化。二是图书馆原创资源的数字化,主要是讲座视频、专题片等。三是网络数字资源的馆藏化,主要是有目的、有选择地收集、加工、整理和存储网络信息资源。数据库类型从过去较单一的书目型、索引型、文摘型数据库转型为图文并茂的全文数据库和集文字、图片、音视频为一体的多媒体数据库。

近几年,省级公共图书馆通过文化共享工程项目规划建设出一批优秀数字资源,这些资源多以地方特色数据库为主,围绕某个具有地域特色的专题进行资源整合,具有知识数据库的特点,揭示的内容更全面、更系统、更深层。如广西桂林图书馆围绕本地特色文化建设的"刘三姐文化",陕西省图书馆以地方特色戏剧为主题建设的"秦声秦韵",海南省图书馆反映当地民族民俗特色的"海南黎族",湖南图书馆以当地历史人物为主题建设的"湖湘人物",广西图书馆保护当地传统文化建设的"非物质文化遗产保护"等。这些特色数据库大多是图文并茂的全文数据库或者是集文字、图片、音视频为一体的多媒体数据库。可见,文化共享工程项目规划之下建设的数据库多以专题数据库为主,而且这两年项目规划的方向仍是建设多媒体数据库或者制作专题片。

数字图书馆数字资源建设的导向是依托本馆馆藏建设特色数字资源，侧重于挖掘实体馆藏建设全文型数字资源，包括文本全文、图像、音视频、网络资源等。联合建设按照"共建共享"的原则，将各地区分散、异构的资源有效集中与整合，最终在数字图书馆推广工程网站上统一展示。联合建设的目标是搜集与整理反映中华文明传承、地方文化特色、重大事件、重要人物等内容的各类型资源。资源联合建设遵循统一的标准规范进行加工、组织、管理和保存，提高了数据质量，避免了重复建设，弥补了各自馆藏资源的不足，提升了信息保障能力和服务水平。

(四)公共图书馆数字资源建设中遇到的问题及对策

1.统筹规划问题。尽管在国家图书馆、全国公共文化发展中心等的统筹规划下，公共图书馆的数字资源建设有了建设方向，但是各图书馆有必要针对自身馆藏资源特点，结合当前发展形势，对本馆的数字资源建设进行统筹规划，制定数字资源发展政策，明确目标，有序进行，多渠道建设馆藏数字资源，比如，对现有数字资源的整合与采购、新建各类数据库、网络信息的采集、加工和保存等，规划的重点应该是如何建设本馆的特色数据库。

2.数字资源建设队伍问题。公共图书馆越来越重视数字资源建设工作，大部分图书馆都成立了专门的数字资源建设队伍，并根据工作内容设置岗位，但就实际工作情况来看，仍普遍存在人员不够、人才结构单一、业务素质较低等问题。从事数字资源建设工作的人员必须具备深厚的图书馆学基础知识，掌握扫描、摄影、摄像等技术，能熟练操作计算机，具有一定的信息组织能力和深度挖掘信息的能力等。为此，图书馆在引进相关专业人才的同时，重视现有人员的培养，加强人才知识教育，不断更新专业知识，注重培养集精通计算机、图书情报、文献数字化管理等多种能力于一身的复合型人才。同时，采取各种措施加强工作人员的团队合作精神，合理分工，形成良好的资源建设格局，促进资源建设工作高效有序进行。

3.数据库数据量与数据质量控制问题。数据条目是数据库的基础和核心，数据搜集是实施数据库建设的关键所在。数据库在数据录入时必须做到数据的全面完整和真实实用。数据库建设中存在部分数据库数据条目较少的情况，这样的数据库内容较单一、不全面、规模小。公共图书馆界对数据库的规模应该有标准规范可依，应该对数据条目的最少数量有所规定以保证数据库的规模。例如，中国高等学校图书馆文献保障系统（CALIS）给各高校图书馆建设特色数字资源库明确了基本标准规范，按照CALIS制定的特色数据库审核标准，每个特色数据库的数据条目数量必须在4万条以上，其中全文数据不少于20%。数据质量主要取决于数据的正确性、一致性、完整性、有效性、唯一性、可靠度、关联度等，数据质量控制就是要在数据库建设的每一个环节，依据统一的标准规范来开展工作，并在数据源类型上做到"全"，在数据收集渠道上注重"广"，在数据时间上遵循"宽"，在数据格式上做到"准"。

4. 标准规范问题。标准规范是数字资源建设的基础，也是实现数字资源共建共享的根本保障。国家图书馆正着力于建设完善的数字图书馆推广工程标准规范体系。该标准规范体系以资源、服务、技术、管理4个要素为基本框架，围绕数字资源生命周期进行构建，涵盖数字资源的内容创建、描述与组织、发布与服务、长期保存等环节。目前已基本完成了元数据管理、对象数据管理、数字资源唯一标志符等6个专题、17项标准规范的建设，并申请立项成为数字图书馆领域的文化行业标准。已经颁布实施的国家标准和行业标准有文本、图像、数据的加工规范，网络资源、图像、数字资源长期保存的元数据规范等。由于这些标准规范实施不久，而且与绝大多数图书馆之前开展数字资源建设的实际情况有所不同，所以有必要针对这些行业标准进行培训学习，让工作人员全面了解其内容，并在实际的工作中通过实践不断学习、不断掌握。此外，各个图书馆还应该根据这些标准规范针对实际工作制定本馆的标准规范操作手册。

5. 经费问题。近几年，政府不断加大公共图书馆购书经费的投入，然而随着中外文书刊价格的猛涨、电子出版物的大量发行，公共图书馆仍然普遍存在经费紧张的问题。数字资源建设经费与纸质文献资源建设经费相比，在总体上保持一定合理比例的同时，应该具备一定的优先度。此外，对于建设特色数字资源，人力、物力和财力等方面的投入是持续不断的，不仅初建时需要有较大的投入,后期的维护、利用、完善等方面的经费投入更为关键。因此,图书馆应该保证建库经费投入的持续性。

6.知识产权保护问题。在数字资源建设中,图书馆既是作品的使用者,也是数字资源库的所有者,如何处理其中的知识产权问题越来越受到图书馆界的重视。目前,图书馆普遍采用合理使用、赠予、合作共建、购买、版权声明等方式获得作品的使用权。然而在工作中仍有大部分工作人员缺乏知识产权相关知识。图书馆应该加强知识产权相关知识培训,提高从业人员的知识产权保护意识,并重点培养几名解决知识产权问题的专业人员。同时加强对读者知识产权法普法教育的培训,让读者了解知识产权法的一些相关规定,尊重知识产权,依法合理使用电子资源。在使用过程中,可以运用先进信息技术保护措施予以控制,如加密、设置存取权限等。数字资源建设是一个庞大复杂的过程,要建设量质并举的数字资源,还需要图书馆界进行不断探索。

二、公共图书馆数字信息资源共享体系的建立

数字技术让知识网络化、信息可视化,网络时代的来临从资源和技术层面改变着公共图书馆的建设轨迹和服务模式。全国文化信息资源共享工程充分利用现代网络技术,对图书馆、博物馆等机构现有的文化信息资源进行数字化加工整合,建成互联网上中华文化信息中心和网络中心,形成中华文化信息资源的网络整体优势,并通过网络、卫星等传输途径最大限度地为城乡公众服务。它开辟了一个不受地域和时空限制的信息传播渠道,促进了信息资源的合理配置,标志着一个全新的信息资源共建共享网络时代的来临。而它的建设基础和良好运作需要全国范围内各级图书馆的共同协作参与、精诚合作建设。

(一)公共图书馆网络化建设

1.我国公共图书馆网络化建设的现状和问题。据有关资料统计,全国现有国家、省、地、县级以上公共图书馆近2600家,部分图书馆已实行计算机自动化管理,其中地级以上的馆相当部分已基本实现计算机自动化管理,特别是

经济发展较快的地区不同程度地建立了馆内局域网,很多还通过电信设施与Internet相接,有一定规模的图书、情报数据库及各具特色的数据库,并从中培养和造就了一批成熟的操作员和网络管理人员。少数馆还开发了适合本地区、本馆情况的管理系统。可以讲,我国公共图书馆的网络化建设已有一定的基础。但也有一定数量的县级馆由于经费紧张、当地政府重视不够或思想观念较为落后而没有实现计算机管理,更谈不上网络化建设,令该部分图书馆的馆藏资源和文献信息都相对闭塞。

我国公共图书馆网络化建设仍存在不少问题有待解决,主要表现在两方面:一方面,一部分公共图书馆参与网络化建设的人员数量较少,文化程度不高,技术力量薄弱,总体水平较低。有的人懂得计算机网络技术,但不懂得图书馆专业知识;有的人懂得图书馆专业知识,但不懂计算机网络技术。同时懂得上述两种专业知识的"通才"相当缺乏,这种状况难以适应公共图书馆网络化建设发展的需要。另一方面,公共图书馆网络化建设缺乏必要的协调管理机构及法律性保护,长期以来,形成了条块分割、各自为政、分散管理的散乱模式,各图书馆基本上封闭单一,不便于信息交互和对接,不利于图书馆进行集中统一规划和协调管理,造成资源共享难、重复建设等尴尬局面。此外,相当部分的图书馆,特别是县级馆,投入网络化建设的资金太少,对网络化建设影响甚大,严重阻延了网络化建设的步伐。部分图书馆的文献资源本来就缺乏,有特色的数据更不多,网络化信息服务意识不强,造成该地区图书馆工作与时代脱节,文化发展相对滞后。

2.公共图书馆网络化建设的对策。

(1)建立地区或市县级图书馆网络化建设协调管理机构:在当地政府的直接领导下,由文化和旅游部门的领导具体负责,以公共图书馆为龙头,组建具有权威性的网络建设协调管理机构,负责规范和协调各馆网络化建设,制定多馆合作的总体规划和结构设计,负责硬件、网络的配置方案和实施方案,以及图书馆软件开发、试验、调试和技术支持,负责网络化建设过程中每一阶段性目标落实情况的督促、检查、评估及验收。这样一来,由于有了主管机构的统筹协调、长远规划和有力的技术保障,各地公共图书馆缺乏沟通、参差不齐、闭门造车、重复建设的网络建设弊端将迎刃而解,也为构筑通用的地区图书馆网络平台扫清了障碍。

(2)加强文献资源的协调开发、资源共享是图书馆网络化建设的重要特征和功能:各馆应从全局出发,结合各地区实际,合理开发和利用文献信息资源,做到统一规划、共同合作、合理分工,不要盲目求新、求全、求快,只重数量而忽略质量。要避免重复建库,以免造成浪费,特别是要加强馆际之间的联合,各自承担一定范围和一定学科的文献收藏和开发任务,以取长补短、互通有无,使各馆馆藏真正联结成为统一完整的文献资源保障体系,为资源共享提供文献保障。把网络环境下的各公共图书馆建设成为内涵丰富、门类齐全、各具特色、方便实用的网络枢纽和知识信息高速公路"中转站",以达到公共图书馆网络化建设的最终目的。

(3)坚持数据库建设和图书馆业务工作的标准化和规范化:数据库建设是一个庞大的系统工程,仅靠本馆自身力量难以完成。如果缺乏统筹规划和宏观调控,结果会是格式不统一、著录不规范、项目不完整、效果不理想等,给联网使用带来很多困难和麻烦。因此,成立地区联机编目中心,实行联机编目,组织联合建库,共同开发数据资源,共建一个标准的、完整的多文献类型的中心数据库是必要的,公共图书馆系统的数据资源体系,一般来说,主要有如下几种:一是书目数据库。二是馆藏报刊数据库。三是地方文献数据库。四是特色全文数据库。上述数据库的建设,应经常由网络化建设协调管理机构检查指导,及时纠正差错。在图书馆业务工作中,如图书资料著录法、分类法、叙词表、文字缩写法、字译法、书目编制、视听资料、文献制作、计算机情报载体及记录格式的标准化等,不单在国内要统一标准、规格、制度和条例,还应尽可能在国际上便于转换互通,力求规格与标准的统一,为我国各行业学科与国际标准的接轨铺平道路。

(4)建立公共图书馆系统五级计算机网络架构:主要是建立由国家、省、地市、县、镇公共图书馆组成的五级计算机网络体系。在五级网络建设中,必须分步发展、逐步到位,可考虑分三步走:一是初步联网,地市、县建立起图书馆计算机网络的雏形,经济发达地区的镇级馆可列入该网。二是实行基本联网,即省、地市、县、镇馆联通。三是实行全国联网,即省、地市、县、镇馆与国家图书馆联通,最终建成一个以国家图书馆为网络中心、省馆为分中心、地市馆为分支,县、镇馆为基础的全国公共图书馆网络体系,并与信息高速公路接轨。所以五级计算机网络架构的建成将对我国图书馆工作的统一布置、逐级分摊、科学配置、灵活调用资源起重大的促进作用。

(5)加强新型图书馆人才的培养:图书馆网络化建设的保障因素之一是加速培养一支应用信息技术的人才队伍,这支队伍包括图书馆网络化建设的总体设计、功能设计、系统设计、程序设计等人才,同时又要有信息结构与分析、数据定义描述、网络应用和咨询等人才,上述人才应是公共图书馆网络化建设的骨干队伍。因此,公共图书馆要千方百计创造较好的条件,吸引新型图书馆人才,并使他们安心工作,最终留住人才,造就一支稳定的网络建设队伍。此外,还要使现有的图书馆管理人员不断更新知识,丰富知识结构,把他们培养成为既能掌握网络环境下的计算机操作,又能熟悉图书馆资源和网上资源的开发与利用的新一代图书馆管理人员。

总之,公共图书馆的网络化建设,是振兴我国公共图书馆事业的必由之路,是公共图书馆在网络时代向信息化社会发展的方向和目标。其成功之时,将是我国公共图书馆事业新时代的开始。

(二)公共图书馆高度共享的数字资源体系建设

高度共享体系建设之初,资源建设即是其核心内容,随着其进一步深入开展,资源建设更是重中之重,成为高度共享体系承建单位,即公共图书馆的核心工作之一。

共享体系与数字资源在建设过程中相互辉映,共促发展。一方面,数字化技术、网络技术、通信技术、存储技术、计算机技术等信息技术是数字资源建设的基础,而共享体系就是以这些技术为依托,通过创新应用使其自身持续、健康地发展。从另一个层面看,共享体系为已经数字化的信息资源提供服务,是未来高度共享的资源体系的早期实现形式,它是数字资源理论探讨实践的产物,是通过数字图书馆全新的信息资源组织模式构建的数字信息工程。共享体系的实施将缩短人们与数字资源的距离，使人们亲身体验到网络时代共享数字资源的神奇感受。

1.公共图书馆数字资源共享体系建设现状。数字资源是信息资源的表现形式之一，是将计算机技术、通信技术及多媒体技术相互融合而形成的以数字形式发布、存取、利用的信息资源总和。作为一种新型信息资源，数字资源具有共享性强、信息量大、出版更新快、不受时空限制、形式多样、交互性强及强大的检索功能等特点。图书馆数字资源的共建共享，是指各级各类图书馆根据用户对社会信息的需求，利用计算机、通信、电子、多媒体等先进的信息技术，通过网络对各馆馆藏信息资源和网络资源进行综合协作开发和利用的活动。

我国公共图书馆系统数字资源共建共享始于20世纪50年代。从那时开始，随着网络技术的发展，图书馆馆际协作以及数字图书馆建设不断深入，数字资源的共建共享开始步入快速发展的轨道。

2.公共图书馆数字资源共享体系建设存在的主要问题。

（1）共享数字资源的总量不足：各地公共图书馆只有加强地方特色资源及自身馆藏资源的建设，才能更好地为当地读者服务。由于资金、资源、人力的限制，它们对数字资源共享体系的建设显得心有余而力不足，这就导致共享数字资源在已建数字资源中所占比例偏小。

（2）共享数字资源的标准不统一：由于计算机技术及网络技术的不断发展以及读者需求的不断变化，不同时期建设的数字资源库应用环境、使用标准都发生了改变，即使同一时期建设的数字资源库由于采用的标准不同，硬件平台、操作系统平台、网络服务器管理平台、数据库平台不同，也难以通用，这就使得读者查询不同数字资源库时必须采取不同方式，需要多次检索多个数字资源库才能找到自己需要的信息。共享数字资源的标准不统一，既浪费了读者的检索时间，也影响了资源库的利用率。

（3）共享数字资源的推广力度不够：公共图书馆的服务对象广泛，读者需求多样化。只有加大共享数字资源的推广力度，通过多种方式宣传、推广数字资源，才能让读者知道图书馆有哪些共享资源，才能让读者知道如何利用共享的数字资源。目前,尽管公共文化共享网络体系初步建立,共享工程各级分中心和基层服务点已全面铺开,但是,共建共享资源推广力度依然有待加强。

(4)高素质人才缺乏:数字化资源的共建共享是一项庞大的工程,需要一大批既有图书馆学专业知识和外语知识,又掌握计算机网络知识和检索技能的专业人才。部分馆员专业技术水平低下,特别是经济欠发达地区的图书馆馆员的专业知识结构老化,严重阻碍了数字资源共享体系的建设。公共图书馆高素质人才的缺乏,是制约数字资源共享最大的"瓶颈"。

除此之外,数字资源共享还存在馆际协作缺乏有效的协调指导,收集加工的数字资源在知识产权方面缺乏必要的保护,资源共享的经费缺乏有效保障等问题。

3.促进公共图书馆数字资源共享体系建设的对策。

(1)建立健全数字资源共享管理体系:数字资源共享体系建设是一个多方合作的工程,需要成员馆共同协作才能发挥其作用。但是,各图书馆办馆规模大小不一,资金投入不均衡,对共享系统的贡献及需求有着较大差异,难免会产生一些分歧。同时,共享体系资源建设的过程中也会碰到一些具体的困难,单纯依靠各成员馆各自解决肯定是不可能的。

这就需要建立一个统一的管理协调机构,负责处理信息资源共建共享工作的筹备策划、资源资金的配置、工程的分工协同、义务的承担、权利的分配等问题。

(2)加强数字资源标准化与规范化建设:标准化与规范化是资源网络化和共享化的必备条件,没有资源的标准化与规范化,资源的共享根本就无法实现。数字资源标准化与规范化建设是一个庞大的体系,需要统一的标准化和规范化措施加以解决。

目前,共享体系建设已经提出了资源建设推荐使用的资源加工组、唯一标识符组、基本元数据组、开放建设组、总体框架组等10项标准规范目录,内容包含资源共建共享格式标准、数据库建设、资源共建的方法、资源共享的方式等建设过程中必备的各项基础规范与标准,其他一些标准化与规范化目录还在研制开发中。

在数字资源共享体系建设中,数字资源的标准化与规范化规则的制定和落实,是实现数字资源共享的必要条件,各地公共图书馆要严格按照国家制定的标准化与规范化目录来开展图书馆资源共享体系建设,以保证数字资源和应用平台能够相互兼容、识别和传递,方便读者的使用、成员馆的共享与资源的推广。

(3)加大数据库建设力度,夯实资源共享基础:数据库建设是公共图书馆资源共享体系建设的基础。公共图书馆应进一步加强特色数据库建设,大力开发馆藏地方文献信息资源,建设多形式、多类型的地方特色数据库,以丰富共享数字资源,最大限度地满足读者的需求。如四川省乐山市图书馆重点建设了乐山文化人物数据库、乐山书画艺术数据库、郭沫若研究数据库、"三苏"(苏洵、苏轼、苏辙)研究数据库、乐山大佛——峨眉山世界双遗产资源数据库,通过共享系统实现了数字资源的共享。

(4)加强区域性数字资源共建共享网络建设:目前,我国公共图书馆资源共享网络基本上是由国家主导的数字资源共享网络为主,作为主体网络有效补充的区域性资源共享网络并不成熟,区域文化资源的共建共享还不普遍。可以以省级图书馆为龙头,联合各市级图书馆,以县级图书馆为重点,开发形成省、市、县三级区域化资源共建共享网络体系,这既可以促进地方特色文化资源建设,又有利于资源共建共享工作的开展。在此基础上,横向联合其他省级区域网或纵向联合其他图书馆系统的省内区域网,形成更广泛的数字资源共享网络,实现更大范围内的数字资源的共享,为社会提供更好的服务。

(5)加强馆员培训提高馆员技能:公共图书馆数字资源共享工作是一项艰巨而又长期的工作,既需要掌握图书馆业务知识的人才,又需要掌握计算机使用、网络维护、数据库设计等知识的人才。加强对资源共享体系建设工作人员的培训是推进数字资源共享工作必不可少的手段之一。

公共图书馆要有针对性地举办各种技能培训班,对馆员进行软件系统的开发、设计和制作等培训,利用网络、视频等远程教学手段,切实提高业务人员的技能水平,促进数字资源共建共享不断发展。如共享工程江西省分中心按照国家管理中心的要求,多次组织该省11个区市级支中心、65个县级支中心以及部分乡镇服务点的技术人员,开展设备远程技术培训,提高了他们的服务技能。

(6)建立图书馆资源共建共享法律保障体系:图书馆资源共建共享的开展需要各个图书馆的协作与配合,同时又对各个图书馆的利益产生了一定的影响。为了协调各个图书馆的利益和明确各个图书馆的职责,保证数字资源共享建设的顺利发展,需要制定相应的政策法规,规范各方面的义务与权利。

只有建立完善的图书馆资源共建共享法律保障体系,才能保证资源共享体系建设所需的经费得到落实。明确各成员馆的权利和义务,建立良好的资源共享运行机制,才能解决共享工作中涉及的如知识产权等法律问题。

公共图书馆资源共享体系建设是社会发展的必然要求,也是公共图书馆自身存在和发展的需要,更是满足读者信息需求的需要。公共图书馆以文献信息服务于公众,以推广教育、传播文化、提供信息为主要功能。公共图书馆数字资源共享是新形势下构建公共文化服务体系、惠及千家万户的一项重要文化基础工程。公共图书馆的同仁应统一思想,树立文献资源共享的大局意识,明确数字资源共享的目标,充分利用系统内的技术力量优势、网络环境优势、人才资源优势,积极主动地将本馆的文献信息资源纳入共享体系中来,为推进社会主义文化大发展大繁荣、提高广大人民群众的科学文化素质作出应有的贡献。

第六章 图书馆资源共享研究

第一节 图书馆资源共享

一、图书馆资源共享发展历程

(一)概念的提出

作为从事知识服务的核心社会机构,图书馆长期以来都高度重视图书馆之间的共享问题,这是整个业界的理想。因为没有哪一个图书馆能够收集全部的文献资源,有了这样的理想,也就会有各种各样的实践。19世纪末,一些西方国家的图书馆以"馆际互借"的方式共享馆藏文献,以"联合目录"的方式共同展示各馆收藏的文献,"资源共享"作为图书馆领域的一个概念被正式提出。20世纪70年代,在美国召开的第一届ALA大会成立了"协作委员会",负责推广图书馆之间的合作,并将资源共享的馆际合作作为一个讨论主题,使资源共享正式走上历史舞台。随后,联合国教科文组织(IFLA)和国际图联(UNESCO)联合提出了"资源共享理念",旨在实现馆际互借、互通有无,通过协作提高开发和利用文献信息资源的综合能力,实现资源的合理配置和有效利用。

(二)资源共享的发展

进入20世纪后,世界经济文化迅猛发展,纸质出版物大量涌现,图书馆行业日益认识到,只有依靠图书馆之间的相互合作和"资源共享",才能满足读者的信息需求,这个共识促进了"资源共享"的发展。

最初，小规模、短距离的图书馆之间的协作是"资源共享"的运行模式，如藏书的协调分工和馆际互借。19世纪中叶，德国的默尔首次提出图书馆之间藏书建设分工协调的思想，在此基础上普鲁士的10个大学图书馆划定了各自的藏书采购范围，彼此建立馆际互借关系。1917年，为了促进和完善馆际互借，美国图书馆学会制定出了世界上第一个馆际互借规则，其后英国、苏联等国图书馆也制定了相应的规则。1938年，国际图联制定了国际馆际互借规则，国际互借业务也开展起来。到20世纪40年代，英国几乎全部公共图书馆、主要专业图书馆和许多大学图书馆都参加了馆际互借。

20世纪70年代以来，联合国教科文组织、国际图联等国际组织共同致力于全球范围内的文献资源共享。1971年，IFLA首次提出"世界书目控制计划"（"UBC计划"），旨在使用世界通用的标准与规范，建立一个世界编目网，共同交流书目信息。与此同时，IFLA又提出了"世界出版物的收集利用计划"（"UAP计划"），旨在建立一个具有文献出版、发行、采购、存储等基本功能的国内书目系统和馆际互借网络，最大限度地为读者提供所需要的文献资源，其最终目的是实现全球文献资源共享。1977年，"发展中国家图书馆资源共享会议的预备会议""国际书目协调会议""第二次苏联东欧国家图书馆会议"都将资源共享作为议题。

互联网的蓬勃发展开启了人类文明的新时代。20世纪末，随着计算机、通信技术、网络等技术的发展及广泛应用，联机检索系统迅速发展，欧美一些发达国家的图书馆衍生出馆际间的多种合作方式。例如，美国的OCLC、Ohiolink、RLIN，英国伦敦与东南亚地区的图书馆协作网LASER、德国的联合编目系统统一"资格认证中心"；到1990年，全球已有644个联机检索系统，数据库4465个，如DIALOG、ECHO、BLAISE等，资源共享探索进入了网络时代。

随着互联网的日趋深入，图书馆的建设和发展也进入了数字时代，以数字化的方式保存人类文化遗产已成为不可逆转的发展趋势，全世界产生了众多的"数字图书馆计划"，如1995年美国国会图书馆实施的"美国记忆"项目；2000年中美两国大学和科研机构联手筹建的"全球数字图书馆"（UDL）项目；2005年美国国会图书馆与联合国教育科学文化组织联合推出的"世界数字图书馆"(WDL);2007年欧盟数字内容计划委员会负责实施的"欧洲数字图书馆"(DEL)。这些具有代表性的数字图书馆项目,目的都在于将人类的宝贵文化遗产进行数字化典藏并共享给全球用户。20世纪初,美国大学图书馆就积极探讨资源共享,20世纪70年代,美国图书馆联盟达到建设高潮,图书馆联盟旨在利用馆际互借和文献传递系统,快速共享成员馆的纸本资源和电子资源。"法明顿计划"是美国著名的以馆际互借和共编书目为特点的图书馆初级联盟协定,随着计算机及网络的发展,美国国家采购与编目计划(NPAC)、国际图书馆联盟(ICOLC)等相继出现,图书馆联盟模式多样,如联机计算机图书馆中心(OCLC)、环太平洋数字图书馆联盟(PRDLA)、美国数字图书馆联盟(DLF)等。据国际图书馆联盟2002年统计显示,美国拥有世界上最多的图书馆联盟,占总量的57%,目前,美国拥有200多个图书馆联盟体。在资源共享实践中,日本所取得的成绩也尤为瞩目。1986年,日本建立了全国性综合信息共享系统NACSIS,参与系统的各大学图书馆输入馆藏资料,编制综合目录,形成了NACSIS-CAT,进行校际馆际互借及资源共享。

网络时代的"资源共享",图书馆改变了"资源共享"思路。不再局限于自身的固有资源,呈现出向外扩伸趋势,以及跨区域、数字化、多样化特点;从用户角度出发,关注资源的利用率,注重用户需求和满意度,从被动等待服务转为主动提供服务。区别于以前的"馆际互借""联机检索书目",向纵深方向发展,在内容上侧重于数字资源共享,如联合编目、电子图书、多媒体数据库、在线信息咨询等。在共享方式上除了邮寄、传真,更多的是依靠E-mail、在线网页、即时通信软件等。

二、我国资源共享的主要模式

从20世纪90年代开始,我国图书馆界开始尝试信息资源共建共享,21世纪初,公共图书馆、大学图书馆、科研情报院所等几个系统迅速开始了共建共享的实践。之后的十多年,我国信息资源共享工作发展颇具规模,以下从国家级和地方级两个方面分析具体情况。

(一)国家级资源共享系统

中国高等教育文献保障系统(CALIS)管理中心在"十五"期间继续组织全国高校共同建设以高等教育数字图书馆为核心的文献保障体系,开展各个省级文献服务中心和高校数字图书馆基地的建设。目前,基本形成了以CALIS为中心,"全国中心—地区中心—高校图书馆"三级保障结构。

CALIS已经完成的第一、第二期建设,实现了不同介质、不同类型的纸质、电子资源之间的集成,实现了异构馆藏、虚拟馆藏的集成,建立了联合目录数据库、高校学位论文会议论文数据库、高校专题特色数据库、重点学科导航数据库等。目前,CALIS已进入第三期建设,试图利用先进的云计算技术和数字图书馆信息技术,全面整合和提升CALIS的资源与服务,实现"一个账号,全国获取"的服务模式。此外,2000年由科技部组织牵头建设的国家科技图书文献中心(NSTL),旨在促进理、工、农、医各学科领域国家级文献信息机构之间的资源共建共享。

(二)区域资源共享系统

区域图书馆资源共享体系建设在近十年发展较好,初见成效。特别是率先在全国实施的江苏省高等教育文献保障系统(JALIS),作为CALIS建设的一个组成部分,已经初步形成了结构优化、布局合理、配置精当的文献收藏系统,形成江苏省高等教育文献信息的保障网络,保证了江苏省高等教育现代化建设目标的顺利实现。江苏大学图书馆与镇江市图书馆实现链接,建成共享工程市级分中心,即"镇江地区文献资源共享联合体",实现了镇江地区各个图书馆导航、联合书目、数字资源检索下载等服务。"上海教育网络图书馆"通过使用数据化手段整合利用教育信息资源的数字化统一服务平台,为上海各教育单位的教学科研提供了保障,也提高了上海地区各级各类高校的文献保障率和信息服务水平。

此外,广东、吉林、河北、海南等省也都开展了不同程度的文献资源共建共享活动,特别是经济发达地区,如北京高校网络图书馆、广东图书馆文献资源共建共享、天津市高校数字化图书馆、全军医学图书馆资源共享工程、吉林省高等教育优质教育教学资源共享服务平台等。我国西部地区四川省、重庆市已启动部分文献信息资源共建共享建设项目。

第二节 特色资源共建共享

一、特色资源共建共享的现状

网络环境为文献信息资源共建共享创造了良好的条件,网络信息资源生产与使用的社会化,对图书馆文献资源的建设产生了重大的影响。当前,大多数图书馆结合自身的馆藏特色、资源优势和区域文化特点,对此进行发掘和深加工,以便为广大读者提供更多的特色资源。[①]

特色资源主要包括地方特色资源和学科特色资源,前者主要是指某一地区特有的且又有一定影响和较大价值的文化资源,包括该地方的历史文化、风土人情、宗教信仰、风景名胜等领域;后者是指高校图书馆根据各校长期以来文献信息收集的实际情况和特定学科信息用户的需求,结合本校重点学科建设、专业设置和教学科研发展方向,搜集和整合的具有鲜明学科专业特色的文献信息资源。特色资源具有鲜明的专业学科特色、区域经济特色、地方文化特色和馆藏特色。

在中文期刊数据库中,以"特色资源"和"特色数据库"为检索范围进行检索,符合检索条件的结果有数千条,这说明图书馆或其他科研机构对特色资源建设的研究和实践是比较重视的。然而,进一步限定"共建共享"检索范围时则发现文献数量降至几十篇,对这些文献进行研读可发现,当前图书馆在特色资源共建共享上存在一定障碍,且范围仅限于高校,而公共图书馆或者基层图书馆,很少有相关的研究文献。

---

①李娜.浅谈网络环境下图书馆文献信息资源共建共享建设[J].延边党校学报,2022,38(4):4.

(一)基于某一区域的特色资源共建共享

从相关的文献中可以看出,主要以省域为范围进行调查统计的较多,如浙江省、江苏省、山西省、安徽省、海南省等,其中只有安徽省调查的是省图书馆、各地市公共图书馆和本科高校图书馆,其他的省份调查都是以高校图书馆为主。文献中对各省的特色资源调查类型主要分为:地方特色、学校特色、学科特色和专题特色,其中地方特色是指某一地理区位具有的地方文化或者历史文化而形成的地方文献资源,如安徽省黄山学院图书馆的"徽州文化资源库"、合肥工业大学图书馆的"李鸿章数据库"、浙江理工大学的"浙江丝绸文化数据库"、海南大学的"海南名胜古迹游数据库"等;学校特色主要是指各高校图书馆针对本校或本馆收藏的资源进行特色数据库建设,如各高校图书馆建设的硕博士论文库、高校精品课程数据库等;学科特色是指某一高校针对本校的优势学科或特有学科进行学术资源收藏建设,如中国科技大学图书馆的"火灾科学学术资源库"、中国矿业大学的"矿业工程数据库"、江苏警官学院的"公安文献全文数据库"等;专题特色是指针对某一类具有收藏和开发利用价值的资源进行建库保存,如宿州学院图书馆的"赛珍珠研究"、苏州大学图书馆的"清代图像人物研究资料数据库"等。

上述文献在调查基础上,提出特色资源建设存在人才、资金和资源条件不足等问题,因此建议走联合协作共建共享之路,其中部分省份已经在省政府、省教育厅和各有关单位的牵头下在全省范围内进行特色资源数据库项目共建,并设立专项资金进行资助,如浙江省、江苏省、海南省。

(二)基于同专业院校的特色资源共建共享

关于同专业院校特色资源共建共享的文献不是很多,主要是专业性较强的中小院校。由于经费、资源和人力等方面的限制,它们在自愿互利的前提下,达成资源的共建共享,如医学院校图书馆、军队院校图书馆、农业院校图书馆等。这些院校馆藏资源特点是专业性强、集中度高、数字化低,多数专业性院校图书馆由于办学规模限制而采购经费较少,因此馆藏资源建设多偏重纸质资源建设,而纸质资源建设又偏重学科专业建设,这样购书种类不够丰富,这对于院校图书馆资源建设是不合理的,也不利于在校学生的信息素养的提高。随着全国范围内高校图书馆的信息资源共建共享的开展,同专业院校的图书馆也开始探索本馆馆藏资源的共建共享,改善在资源建设方面的不足,进而不断满足广大师生日益增长的信息需求。

为此,各馆在现有资源条件下,不断进行资源整合,并与地方同专业机构图书馆进行合作,将专业文献与实践研究相结合构建数据库,如医学院校图书馆的基于历代医案数据库、中文循证医学数据库等;军队院校图书馆的军事装备保障综合信息数据库、外国军事基本情况数据库、兵器综合信息数据库等;建筑院校图书馆的建筑艺术与土木工程资料数据库,等等。这类特色资源的特点是实用性、目的性较强,但适用范围偏窄,所以此类特色资源共建共享只适合对此类专业信息有需求的院校或科研机构。

(三)基于CALIS的特色资源共建共享

近年来,CALIS(中国高等教育文献保障体系)地区中心特色数据库的共建共享成为地区中心服务的重要内容。CALIS地区中心的特色数据库分布情况如下:①来自一个地区范围内的高校图书馆,如东北地区中心和华东南地区中心的特色数据库。其中东北地区中心有22个特色数据库,涉及该地区的11所高校图书馆,包括吉林大学图书馆、哈尔滨工业大学图书馆等;华东南地区中心有11个特色数据库,涉及该地区5所高校图书馆,分别是上海交通大学图书馆、复旦大学图书馆、浙江大学图书馆、厦门大学图书馆、福州大学图书馆;②来自一个地区的某一个省内的高校图书馆,如华南地区中心和华东北地区中心的特色数据库。其中,华南地区中心有11个特色数据库,涉及广东省的9所高校图书馆,包括中山大学图书馆、华南理工大学图书馆等。华东北地区中心有11个特色数据库,涉及江苏省的11所高校图书馆,包括中国矿业大学图书馆、江苏大学图书馆等;③来自一个地区中心的所在图书馆,如西北地区中心的特色数据库是由西安交通大学图书馆建设的,共建有7个特色数据库;华中地区中心的特色数据库未标注建设单位,只列出了3个特色数据库。

二、特色资源共建共享存在的问题

在知识经济时代,建立一个能够实现省域内高校纵向贯通和横向联合的特色信息资源共建共享体系,除了面临许多政策、措施、理念、技术及相关理论支持等问题外,还存在以下问题。

(一)知识产权和版权问题

特色数据库建设在信息资源的收集、传播和为用户提供信息服务的过程中,会面临版权问题及知识产权保护问题。从版权保护的角度来讲,对于在版权保护期内的特色信息资源,要尽量和版权人进行必要的协调,既不侵犯版权人的权益,又要进行特色信息资源的搜集和利用。对于知识产权问题,图书馆应在遵循国际知识产权秩序的基础上,调整和解决好特色数据库建设与知识产权保护的关系。

(二)特色资源数据库种类繁杂甚至重复

各图书馆对其所建特色资源数据库命名不一,有特色数据库、自建数据库、自建特色数据库等。不仅如此,各图书馆无论是特色数据库还是自建数据库看起来都是内容繁杂,各成体系,没有统一的标准,甚至图书馆之间有特色数据库内容重复现象。混乱的内容和命名系统给特色信息资源共建共享和读者检索利用带来麻烦,重复的数据库内容造成了图书馆资金投入的浪费。图书馆需要利用国际统一标准来构建特色资源数据库,为特色资源共建共享工作节省人力、物力和财力,为用户提供简便、快捷、高效的文献检索系统。

(三)特色资源建设水平参差不齐

特色馆藏是各图书馆的资源品牌,是图书馆开展特色服务的资源基础,也是网络时代数字图书馆共建共享的资源依托。目前,多数图书馆都比较重视特色资源的建设,但各图书馆特色资源建设的水平却参差不齐。首先,一些图书馆还没有自己的特色资源,或者是一些图书馆已经开始从事这方面的建设工作,但读者现在还无法利用到本馆的特色资源。其次,在已经完成特色资源建设的图书馆中,还有一部分图书馆收藏有特色资源但没有进行建库保存,甚至有的建有特色数据库却利用率过低。再次,各馆特色资源建设的系统性和全面性方面还存在一定的差距,只是简单地就现有特色资源进行建设,而没有意识到特色资源跟其他馆藏资源一样具有保存和利用价值。因此,在特色资源建设过程中就需要尽可能多地、全面地、系统地收集此类资源,这样才有利于形成特色。

(四)特色资源共享范围受限

在对特色资源数据库调查过程中,特色资源共享只是在已达成共享范围内的图书馆之间进行共享,但同时,成员馆访问特色数据库也会受到限制。以CALIS地区中心特色数据库为例,不是一个地区中心的不可以互相访问,同是一个地区中心的也存在部分成员馆不能访问该地区特色数据库的现象,如广东工业大学图书馆无法访问华南地区中心的特色数据库,上海海事大学图书馆无法访问华东南地区中心的特色数据库,大连理工大学图书馆只能访问一部分东北地区中心的特色数据库。

(五)特色资源数据库导航效果一般

调查发现,只有少数图书馆将特色资源以"特色馆藏"或"特色收藏"置于图书馆主页上,如北京大学、清华大学等。多数图书馆均把特色资源数据库置于二级类目——"资源导航""馆藏与资源""数字资源"等栏目下。如果是初次访问图书馆网站的读者需要凭经验才能找到特色数据库,对没有经验的读者来说,准确地查找到所需的特色资源需要一定的时间。这不仅浪费读者的时间,也不利于特色数据库的推广,还可能导致特色资源的利用率过低。

三、特色资源共建共享的现实意义

图书馆充分利用资源优势共建特色数据,将分散的信息资源系统化、集中化呈现在广大读者面前,从而增加特色信息资源的价值和利用率,最大限度地发挥特色资源的经济效益和社会效益。实现各馆之间,不论是同区域,还是同专业院校的特色资源共建共享,在一定程度上不仅可以弥补资源保障的不足,还可以促进地区之间的协同建设与发展。

(一)特色资源共建共享是图书馆与时俱进的需要

21世纪是知识创新的时代,知识信息的骤增导致信息承载体的扩大,作为知识载体之一的图书馆,更是面对大量冗余信息的采集、加工和整合,并以此为广大读者提供有价值的信息。同时,科学技术更新速度的加快,使得图书馆不得不紧追时代发展的步伐,不断创新服务方式,以最大限度满足读者日益增长的信息需求。但是,由于经费、人力和馆舍条件的限制,任何一个图书馆都不可能把所有文献收集齐全,进行加工整理并迅速传递。因此,图书馆间的合作带来的相互依赖性逐渐提高,图书馆之间走联盟合作发展的道路成为一种新的发展形势,资源的共建共享更是成为未来数字图书馆的发展趋势。

(二)特色资源共建共享为科研活动提供信息保障

对于从事地域文化研究的专家学者来说,在其科研活动中,需要对特定时期该地域的历史人物、文化遗产、文学艺术等进行了解,需要图书馆给予他们充足的地方文献信息资源帮助。各地图书馆将分散的地方文化特色资源进行搜集整理,进行区域内特色文献信息资源的整合,大大满足了研究地方文化的专家学者的需求,使他们在足不出户的情况下,借助网络就可以完成对地方文化历史的研究和利用。不同地区的特色文献资源的共建共享更是为此类科研活动提供了信息保障。

(三)特色资源共建共享间接促进地方经济与文化建设

图书馆是人类知识的宝库和人类文献信息资源的中心,担负着为区域经济发展和文化建设服务的伟大使命。没有地方文化的支持,地方经济的发展就缺乏后劲和推动力。地方特色资源反映了该地区政治变革、经济发展、人文文化等发展情况,它在为当地政治、经济服务的同时,通过区域内图书馆特色资源数据库的共建共享,成为宣传本地的一扇窗口,使更多读者方便快捷地了解该区域各种文化资源情况,加强文化资源对外宣传,从而吸引外商进行商业投资和旅游资源的开发,促进区域经济的发展。

(四)特色资源共建共享实现了知识增值

区域内特色信息资源的共建共享克服了长期以来地方文献资源只为当地政府、学者和企业服务的局限,通过共建共享体系地方特色信息资源可以走出当地,被更多的学者和科研人员了解、熟知并加以利用。在这样一个知识相互传播、相互利用的过程中,知识的价值也随之增加。综上所述,特色资源建设对图书馆馆藏资源及网络环境下信息资源的共建共享起着积极的作用。要在局部与整体,大系统与小系统合作协调的基础上,在资源共建共享的思想指导下,从各馆实际出发,制定本馆可行的具体规划,明确哪些文献是本馆的重点建设对象,同时也要明确网络资源开发所起的作用和担负的任务,通过网络信息咨询员弥补本馆信息资源不足的缺陷,建立各馆各具特色的馆藏体系,发挥特色优势。

四、特色资源共建共享的原则

在特色文献资源数据库共建共享过程中,存在建设单位众多,涉及的学科面广、主题丰富、人物与地域文化浓厚等特点,使得数据库建设体现着不同地域或者不同专业的特色。因此,要严格遵循一定的建设原则和要求。

(一)参建馆遵循的原则

共享体系中各成员馆之间相对平衡的利益分配,以利益调节调动各方面的积极性,促进图书馆特色资源共享体系的共建,主要包括参建馆与读者个体等社会用户群的利益、参建馆自身利益与其他参建馆之间的利益、参建馆内部人员的利益等。

1.读者满意,服务读者的原则。遵循读者满意,服务读者的原则,协调图书馆与读者用户群之间的利益。信息资源共享由国家政府投资,最终使读者受益,其定位应是教育与科研的服务系统,对用户免费是其本质性要求,也是使其发挥最大作用的根本保障。因此,各馆要在条件许可的范围内使读者满意。对于自行投资建设的单位,可以由有偿服务逐渐向无偿方式转变,为读者提供现实的、可靠的信息服务,这必会使图书馆工作得到领导的肯定和群众的支持,使资源共享具备坚实的群众基础。

2. 平等自愿、互惠互利的原则。遵循平等自愿、互惠互利的原则,协调参建馆自身利益与其他参建馆之间的利益。信息资源共享不是一个单纯的公益行为,信息资源共建共享中的成本和利益是需要考虑的重要因素。信息共享的哲学不是利他主义,而是互惠互利,按照效率优先,兼顾公平的原则,确立各馆是权利与义务均衡的行为主体,激发其参与共建共享的积极性。同时,互惠互利与平等自愿是互为基础、密不可分的。因此,每个参建馆都必须承担向其他参建馆提供资源的义务,也必须分担网络运行和管理的费用,要使特色资源共享得以持续发展,还必须对享受共享服务的用户适当地收取费用。这样一方面是对资源提供者的一种资金补偿;另一方面可以通过费用的高低来调控资源的利用,同时也对资源使用者起到约束作用。

3. 维护图书馆内部人员利益的原则。在现代化进程中,业务能力将成为从业者的核心竞争力,支持从业者学习是对其最大的关心,提高其业务能力正是维护他们的根本利益。设立负责特色资源共享的小组来规划、考核这项特色资源共建共享工作,并将图书馆员工在这项工作中的态度与贡献列为其业绩考核的重要指标之一,发挥激励、约束功能,促使全员投入。

(二)资源选择的原则

图书馆数字特色资源选择要依据确定的标准进行相符性判断,将符合建设原则和条件的原始特色资源筛选出来,进行数字化加工后发布到特定平台实现共享。良好的选择原则有助于确保以尽可能低的成本将最重要和最有用的信息资源进行数字化,避免知识产权纠纷,产生良好的社会效益和尽可能高的投资回报。

1. 知识产权保证原则。必须根据相应的法律对特色资源的知识产权进行管理,任何对其存取的限制必须通过本单位的现行机制进行有效管理。目前,图书馆数字特色资源建设主要是针对已有的特色馆藏资源和收集地方特色资源为主,其资源的产权归属有三种情况:一是不存在产权纠纷的资源,这类资源可以自由进行开发建设,如已购买的纸本资源。二是产权归实施数字化的机构所有,这类资源在进行数字化之前需要单位内部许可,如购买的数据库资源。三是产权归他人所有,这类资源在数字化之前必须得到产权所有者的书面许可,如收集的地方人物志、家谱等。因此,针对共建共享的特色资源应采取相应的数字技术,以保证特色资源建设过程中的知识产权保护。

2. 知识增值原则。特色资源的建设,首先要从原始资源着手,特色资源不仅仅是原始资源的再现,还应该具有价值的增值。影响特色资源的知识价值的因素有很多,但主要包括资源的唯一性、相关价值,对相关主题领域理解的重要性,对相关主题领域覆盖的广度和深度、实用性和准确度,特定主题领域中其他载体记录质量差的信息内容,具有强化项目实施的历史价值以及资源数字化后潜在的长期价值等。另外,特色文献知识价值也可能包括管理价值、艺术价值、市场价值。但是,特色资源价值增值性判断在很大程度上具有主观性,其结果可能因人而异。

3. 用户保障原则。用户保障的本质就是特色资源利用率,从理论上讲,图书馆特色资源数字化项目应把有限的资金用在利用率高的资源数字化上。首先,要对特色资源利用率高的原因进行分析,如果主要用户群体分布在本地,且类似文献又不存在,这类文献的利用率自然高,但进行数字化后发布在网络上,其利用率将会如何就比较难以判断。其次,文献利用率有时与文献的知识价值并不一致,有些具有高知识价值的文献由于存放地点和图书馆存取方针的限制或目录的不完整等因素,可能导致利用率偏低。再次,利用率与文献的物理状态也有关系,一些文献的物理状态限制了用户对其访问,如易碎载体的文献、古旧的书稿等。最后,在多馆合作进行特色资源共建中,一些大部头的系列文献分散在各成员单位,对这些文献的访问率可能较低,但进行数字化后可能形成完整的虚拟馆藏,其访问率就可能提高。

4. 数字保存原则。为了保存需要,特色资源选择时要充分考虑资源的安全数字化,包括原始信息资源的状态允许被完全数字化;特色资源数字化实施过程需要搬运原始资料时,其状态适合于搬运;尽可能扫描原始资源的替代品(如照片),从而减少对原始资源的损伤;被数字化的特色资源产品必须建档,并制定由于时间和技术变化等因素导致的长期维护策略。数字保存的另一层含义是保护易碎载体的原始资源。数字资源本身就是原始资源的新版本,可以代替原始资源供用户访问,并由此减少对原始文献的操作从而使其得到保护。

5.避免重复原则。在特色馆藏建设过程中,要摒弃大而全、小而全的思想,根据图书馆的发展目标、充分考虑特色资源的特点,以各馆对特色资源需求为建设重点,结合当地地方发展形势,有针对性、有步骤地构建及开发特色馆藏资源。对于已有的特色馆藏资源,要考虑其质量、保存状况及内容能否满足用户需要,以及对选取的特色资源进行评估。一般来讲,在进行特色资源建设初期,必须要集合参建馆对所建设的特色资源进行考察,以便了解特色资源馆藏现状和其进行共享建设的成本效益,尽可能地减少在财力、人力、物力方面的重复浪费。

(三)数据库构建原则

1.标准化原则。标准化是信息组织的生命,是资源共享的基石。数字资源的加工和数据库的建设存在一系列的数据格式标准和元数据规范。为了实现资源有效共享,特色资源建设单位应按照"统一平台、统一标准、统一发布"的管理思路,"统筹规划、分别承担、分散建设"的要求,由特色资源建设总中心对分散在各地的图书馆的特色资源进行统一发布。因此,各承建单位在项目建设中必须遵循通用性与标准化原则,包括统一元数据标准、遵守软件设计规范和有关文献分类标引著录规则等要求,采用规范化的特色库援建模式和标准化的数据格式、库结构及检索算法。同时充分考虑与CALIS、NSTL(国家科技图书馆文献中心)、CSDL(国家科学数字图书馆)等标准和系统的兼容,采用与国家标准相一致的产品。

2.实用性原则。特色资源项目的选择应注重满足社会经济和教学科研发展的实际需要,既重视资源数字化过程中文献信息资源的系统完整性和各类信息资源之间的相互联系,同时也从读者使用、读者数量和资源质量的角度出发,优先保障重点学科,兼顾普通学科,逐步扩大学科覆盖面,最终形成合理的信息资源建设体系。同时,结合省域人员、资源、技术的实际情况,根据需求采取量力而行的方案与举措。已建成的特色资源数据库应该对教学科研工作和社会文化建设、经济建设等具有一定的推动作用。

3.安全性原则。目前,网络环境和信息技术还存在诸多不安全的因素,给信息组织和资源存储带来一系列的隐患。特色资源数据库建设的过程中,要对大量的文献进行数字化加工、存储、发布和管理,并利用网络为众多的终端用户提供各种信息服务,因此系统的安全性十分重要。在建设过程中既要选择技术成熟、性能安全可靠的信息存储设备,又要采用技术先进的网络管理系统,确保网络系统的安全性和数据的可靠性。要将特色资源数据库的大量数据分为在线存储区和近线存储区,并实现所有数据的统一归档、备份。

4.核心性原则。特色资源数据库的建设涉及规划设计、项目评估、资源加工、资源组织、平台建设、网络服务等诸多方面,只有把握重点,从关键性、核心性、全局性出发,统筹规划、合理布局、分工合作,有重点地进行分期分批建设,侧重支持特色鲜明、资源优势明显的项目建设,才能形成具有较强整体功能的信息资源体系。

5.合法性原则。数据库的建设是一项系统工程,知识产权保护是其核心内容之一。知识产权保护贯穿于数字资源加工、组织、管理、传播和使用的各个环节。特色文献数据库的建设应根据不同类型文献存在的法律形态,充分尊重不同著作权人的授权意愿,采取区别对待的原则,为信息资源的有效共享与利用奠定基础。特色资源共建共享建设必须遵守国家知识产权保护法,所有数据来源要产权清晰,发布的一切信息必须符合知识产权保护的要求。这样才能保证数据库的可持续发展。

综上所述,特色资源共享体系作为一个系统性建设工程,无论是规划设计还是具体实施都应该遵循一定的原则,在上述各方面的原则基础上,提高图书馆核心竞争力。图书馆竞争力的提高必须在文献资源建设上下功夫,即提高资源的竞争力。因此,在特色资源共建共享指导原则下,结合共享体系制定自身特有的一些基本原则,根据单位所在地区的历史、地理、政治、经济和科学文化发展的显著特点与优势,根据读者的需求及本单位原有的馆藏基础,根据文献资源保障中心的分工安排等实际情况,围绕某一领域或学科,集中本馆的人、财、物等有利条件,加强精品资源建设,打造特色品牌资源,建设具有鲜明特色的馆藏资源体系。

五、特色资源共建共享的策略

特色馆藏不仅是传统图书馆的精华,而且也是数字图书馆内容建设的基础,目前处在一个全新的数字环境中,网络使人们学习和获取信息的方式发生了改变,面对海量的文献资源,用户越来越缺乏耐心,读者的需求也越来越不容易把握,这就迫使图书馆要提供差别化服务,其资源也要具备特色。随着现代网络技术的发展,为了避免资源的重复建设,也为了提高资源的利用率,图书馆需要对特色资源共建共享提出周密的规划方案,进而为教育和科研提供完整的文献保障,促进当地文化和经济的发展。

图书馆随着社会的发展,不再仅仅是一座"藏书楼",面对新的挑战,不同区域、不同类型的图书馆建设特色资源时,需突出地方、学科、历史等特色,这样才能更好地实现特色资源的共建共享。

(一)构建具有地方特色的特色资源

地方特色资源就是以本地区经济、文化、历史、地域特点为基础,以本地区、本单位的优势学科为依托,建立起来的馆藏资源,如云南、西藏、内蒙古、新疆等少数民族地区的民族文化、民俗传统和特殊的地理、地貌。在漫长的发展过程中,各少数民族创造了自己独有的、丰富的民族文化,这些独有的文化资源是研究当地少数民族问题的特色资源,是其他地方所没有的。各图书馆可结合当地的民风、民情,大力挖掘物质和非物质的民俗内容,形成具有特色的民俗文化馆藏。民俗是人类所创造的物质与精神文明的历史积淀,民俗文化是社会生活的一种模式,具有世代相袭的稳定性,是一个民族深层文化积淀的产物,是中华民族先进文化的重要组成部分。同时,各图书馆也可根据本地区的政治、经济、社会和文化等方面的特色,收集反映本地区文化的研究课题、出版物、地方专题等文献或与地方政治、经济和文化发展密切相关的资源,建立具有研究级水平的藏书体系和突出地方特色的地方文献部。这样既突出了独一无二的地方特色,又为学者研究本地区的民俗风情、编纂新修方志、开发特色旅游资源、发掘传统经济等科学研究和社会发展服务,促进本区域经济文化的发展。

(二)收集具有历史特色的特色资源

图书馆要保存和梳理地方的史前文化、家谱、历史人物、地方史料等具有历史文化积淀的非物质文化遗产。图书馆可逐步搜集和完善当地龙头姓氏的族谱、家谱及历史名人贤达的著作、手稿、传记等文史资料,并纳入自己的特色馆藏体系。通过其中蕴藏的内涵,可了解社会结构、宗教制度、民族史、家族史等具有重要价值的历史文化,为社会学、人口学、民族学、经济史的研究和文艺创作等方面提供宝贵的资料,从中可以寻找文化资源与地方社会经济发展的联系、规律,从而促进经济发展和弘扬地方文化特色。同时,也可以作为教学、科研的第一手资料,为阅读、教学、研究提供便利的服务。目前,不少学者认识到历史资料的重要价值并利用其取得了丰硕的成果。例如,从孔府家谱中可以考证曲阜孔府的世系、世表、墓记、祠堂记、家规家训等内容;从裴氏家谱中可以了解裴氏世袭子孙的来龙去脉等。

(三)挖掘具有馆藏特色的特色资源

馆藏特色资源是指其他图书馆所不具备或只有少数图书馆具备的特色馆藏,或因散在各处而难以被利用的资源,具有稀缺性、不可再生性、文化或学术独特性、系统积累和传承性等特点。信息技术的广泛应用带来的新环境和新需求是图书馆发展的驱动力。例如,高校图书馆具有明确的教育性、专业性和学术性等特性,结合本校的专业设置、办学风格、培养目标等特点,通过纸质文献与电子文献、实体馆藏与虚拟馆藏、馆际互借与资源开发相结合,逐步建立各具特色的馆藏资源体系,使馆藏信息资源配置合理化、数量最大化、质量最优化和利用高效化,从而满足读者对特定知识的需求或实现某些特定的目标。如北京大学图书馆设置了古文献资源库、北京历史地理数据库、北京大学学位论文数据库、北大名师数据库、热点话题数据库、视频点播多媒体数据库等特色的馆藏资源。

此外,高校教师所著、所编、所译的学术著作,发表的学术论文、科研成果报告、改革方案,本校召开的学术会议文献,教师外出参加学术会议带回的文献,出国人员带回的文献资料,以及有价值的赠送资料和教授、研究馆员、博导、硕导、博士生的国家、省级科研基金项目,特色学科师生互动的多媒体教学课件,聘请相关专业专家和研究生搜集到的最前沿的学科信息资源,本校学报发表的论文等都是具有自身特色的文献和信息资源,把这些极富特色的资源进行数字化并建成本校特色资源数据库供用户使用,将具有重要的意义和利用价值。

(四)建设具有学科特色的特色资源

学科特色资源主要体现在以高校为主的图书馆,高校图书馆作为高等教育事业的重要组成部分,与教学、科研是密不可分的,其主要的服务对象是教师、大学生。因此,高校图书馆应当有计划、有目的地围绕学校专业、学科特点及自身的服务指向,从所在学校的发展规划和学科队伍现状出发,分清主次、突出学术性特色,为某重点学科或某特定专题交叉学科和前沿学科提供能体现高等教育特色的资源,为特定用户、重点学科提供全面、实用的特定信息服务。同时,高校图书馆还应注重服务信息的多向性开发,不断对特色数据库进行深加工,有计划、有重点、有步骤地拓展学科特色化的馆藏文献资料信息空间,将及时而实用的电子信息资源送上校园网,最大限度地满足各种类型的读者的需求,发挥图书馆的功能,使高校图书馆成为真正意义上的文献信息中心、学术交流中心、文化教育中心、科研成果中心,全力推进高校图书馆的可持续发展,如北京大学图书馆建立了科研成果在线(机构库),而清华大学图书馆则建立了收藏中外文法律图书、国内外法律期刊、电子出版物等富有专业特色的法律图书馆,为法学院的教学、科研工作提供具有专业性、学术性的特色服务。

图书馆间的合作交流,共知是前提,共建是保障,共享是目标。共建共享机制是推动文献资源建设的重要基础,是加快图书馆事业发展的一项重要举措,完全符合网络环境下文献资源建设的发展潮流,开拓了全新的图书文献服务模式。当前,各图书馆应当努力解决所面临的各种问题,增强"大图书馆""大服务"的观念,认真做好"为人找书、为书找人"的工作,协作采购、规范加工、联合上网、共建共享,大力倡导资源的共建,在共建资源的基础上致力于共享资源目标的实现。资源共建是通向资源共享的必由之路,通过资源共建,必将促使图书馆整体服务功能的增强,为最终实现真正的、彻底的资源共享打下坚实的基础。

参考文献

[1]蔡平秋.图书馆文献资源建设与利用研究[M].北京:北京工业大学出版社,2020.

[2]褚倩倩.现代图书馆文献信息资源建设与利用研究[M].昆明:云南出版社,2022.

[3]段双喜.高校图书馆文献资源建设实证研究[M].北京:国家图书馆出版社,2018.

[4]韩春磊.公共图书馆馆藏文献资源数字化建设[M].长春:吉林摄影出版社,2022.

[5]李国翠,郭旗.图书馆资源建设与管理艺术[M].长春:吉林美术出版社,2019.

[6]李瑞欢,李树林.公共图书馆工作实务[M].北京:现代出版社,2018.

[7]刘付霞.大数据环境下图书馆文献信息资源建设与利用[M].长春:吉林人民出版社,2019.

[8]宋松.公共图书馆信息资源建设研究[M].北京:现代出版社,2019.

[9]孙守俭.图书馆文献资源建设概论[M].长春:吉林文史出版社,2017.

[10]孙晓燕.图书馆文献信息检索与信息资源建设研究[M].北京:北京工业大学出版社,2023.

[11]杨蓉蓉.图书馆文献资源建设及服务创新研究[M].长春:东北师范大学出版社,2017.

[12]张东靖.图书馆文献资源建设与信息应用研究[M].北京:华龄出版社,2018.

[13]张洪升,付国帅.公共图书馆资源建设与服务研究[M].北京:新华出版社,2018.